VIRGINIA M. AXLINE

DIBS

EM BUSCA DE SI MESMO

TRADUÇÃO: KARLA LIMA

Principis

Esta é uma publicação Principis, selo exclusivo da Ciranda Cultural
© 2023 Ciranda Cultural Editora e Distribuidora Ltda.

Traduzido do original em inglês
Dibs, in search of self

Texto
Virginia M. Axline

Editora
Michele de Souza Barbosa

Tradução
Karla Lima

Preparação de textos
Maria Luísa M. Gan

Produção editorial
Ciranda Cultural

Diagramação
Linea Editora

Revisão
Fernanda R. Braga Simon

Capa
Silvana Menezes

Dados Internacionais de Catalogação na Publicação (CIP) de acordo com ISBD

A969d	Axline, Virginia M.
	Dibs em busca de si / Virginia M. Axline ; traduzido por Karla Lima. - Jandira, SP : Principis, 2023.
	224 p. ; 15,50cm x 22,60cm.
	Título original: Dibs in search of self.
	ISBN: 978-65-5552-895-4
	1. Psicologia. 2. Terapia. 3. Emoções. 4. Criança. 5. Ludoterapia. I. Lima, Karla. II. Título.
	CDD 150
2023-1220	CDU 159.9

Elaborado por Lucio Feitosa - CRB-8/8803

Índice para catálogo sistemático:
1. Psicologia 150
2. Psicologia 159.9

1ª edição em 2023
www.cirandacultural.com.br
Todos os direitos reservados.
Nenhuma parte desta publicação pode ser reproduzida, arquivada em sistema de busca ou transmitida por qualquer meio, seja ele eletrônico, fotocópia, gravação ou outros, sem prévia autorização do detentor dos direitos, e não pode circular encadernada ou encapada de maneira distinta daquela em que foi publicada, ou sem que as mesmas condições sejam impostas aos compradores subsequentes.

Esta obra reproduz costumes e comportamentos da época em que foi escrita.

Em memória de minha mãe,
HELEN GRACE AXLINE

Algumas vezes ele ficava sentado em silêncio e imóvel durante toda a manhã, ou rastejava pelo chão da sala de aula, indiferente às demais crianças ou à professora. Às vezes, tinha violentos ataques de birra. Ninguém sabia se ele possuía algum atraso cognitivo ou se tinha sofrido danos cerebrais ao nascer. Os pais consideravam que ele tinha deficiência intelectual.

Mas Dibs não era nada disso. Era um menino inteligente e solitário, encarcerado em uma prisão de medo e raiva, uma prisão da qual só ele mesmo poderia se libertar. E, por meio de psicoterapia e amor, foi o que fez.

Sua corajosa entrada na realidade é uma celebração do verdadeiro milagre do nascimento. Escrita a partir da vida, dos anseios humanos mais profundos e dos sonhos humanos mais elevados, sua história diz respeito a todos nós...

Virginia M. Axline

INTRODUÇÃO

Esta é a história da superação de uma criança profundamente perturbada, que se transformou em uma personalidade forte e saudável.

Quando a história começa, Dibs já frequenta a escola há quase dois anos, mas no início ele não falava absolutamente nada. Algumas vezes, ficava sentado em silêncio e imóvel durante toda a manhã ou rastejava pelo chão da sala de aula, indiferente às outras crianças ou à professora. Outras vezes, ele tinha violentos ataques de birra. As professoras, o psicólogo e o pediatra da escola estavam perplexos com o comportamento dele. Teria o menino um atraso de desenvolvimento cognitivo? Sofreria de uma doença mental profundamente entranhada? O cérebro sofrera alguma lesão no nascimento? Ninguém sabia ao certo.

O livro oferece uma narrativa sobre a "busca por si mesmo" de um pequeno ser humano profundamente doente, como a autora chama de forma acertada. Com a ajuda clínica delicada e habilidosa da doutora Axline, ele emerge como uma pessoa brilhante e capaz – um verdadeiro líder.

A autora é reconhecida mundialmente na área da psicologia por suas contribuições à teoria e à prática da ludoterapia com crianças. Seu livro *Ludoterapia: a dinâmica interior da infância* recebeu merecidamente amplo reconhecimento e aceitação.

Virginia M. Axline

Dibs é um livro interessante e empolgante para o leitor leigo; pode ser desfrutado com prazer e ganhos especiais por todos os pais interessados nas maravilhas do desenvolvimento mental de seus filhos. Além disso, é uma leitura proveitosa para profissionais que estudam a infância e a natureza da vida mental normal e anormal.

No começo do livro, a criança descrita é de fato bastante incomum. No entanto, estudantes de psicologia e de psiquiatria há muito reconheceram que é possível extrair descobertas sobre os processos mentais normais e típicos, e sobre o desenvolvimento mental saudável, a partir do estudo de comportamentos diferentes e exagerados que aparecem em indivíduos atípicos. É importante lembrar que a psicologia moderna deve muito à análise detalhada de casos individuais, como os primeiros trabalhos de Freud e de Morton Prince.

Um dos maiores problemas da nossa era, que é caracterizada por super-população e tecnologias, é a compreensão adequada de técnicas que podem produzir mudanças duradouras na personalidade e no comportamento. Nesse contexto, *Dibs*, como estudo de organização mental e de mudança comportamental, é de grande importância. Qualquer pessoa que leia esse livro com discernimento poderá julgar que o crescimento psicológico humano, o sucesso em uma sala de aula ou a aquisição de habilidades complexas possam ser conquistadas meramente pela repetição básica ou pelo reforço de padrões de resposta.

Outra ideia enfatizada neste livro é que a cura profunda e efetiva de uma criança perturbada pode ter um impacto significativo na saúde mental dos pais da criança. Isso representa uma inversão recente no velho clichê de que o tratamento clínico bem-sucedido dos pais é frequentemente a melhor forma de terapia para uma criança perturbada.

Mas, acima de tudo, *Dibs* é uma leitura ótima! Para mim, é tão empolgante quanto uma história de detetive de primeira categoria!

Leonard Carmichael
Washington, D.C.

PRÓLOGO

Esta é a história de uma criança em busca de si mesma através do processo de psicoterapia. É baseada na experiência de uma pessoa de verdade – um menininho chamado Dibs. Quando esta criança enfrentou as forças brutas da vida, descobriu que tinha habilidades e sabedoria dentro de si que se revelavam como as mudanças de luz e sombras que são influenciadas pelo sol e pelas nuvens.

Dibs vivenciou profundamente o complexo processo de crescer, de se conectar ao dom precioso da vida, de se banhar no sol de suas esperanças e na chuva de suas dores. Lentamente, tentativamente, descobriu que a segurança de seu mundo não estava completamente fora dele, mas sim que o centro estabilizador que procurava com tamanha intensidade estava no interior, nas profundezas de si mesmo.

Porque Dibs fala em uma linguagem que desafia a complacência de tantos de nós, e porque ele anseia por conquistar uma individualidade que possa reconhecer com orgulho seu nome e seu lugar no mundo, sua história se torna a história de todos. Através de suas experiências na brinquedoteca, em casa e na escola, sua personalidade aos poucos se revela e, de um modo delicado, engrandece a vida dos que tiveram o privilégio de conhecê-lo.

CAPÍTULO UM

Era a hora do almoço, momento de ir para casa, e as crianças estavam zanzando de um lado para o outro, enrolando antes de vestirem os casacos e chapéus, como sempre faziam. Mas não o Dibs. Ele havia se recolhido para um canto da sala, encolhido com a cabeça baixa e os braços cruzados firmemente em frente ao peito, ignorando o fato de que era hora de ir para casa. As professoras esperaram, sabendo que ele sempre agia assim na hora de ir para casa. A senhorita Jane e Hedda ajudavam as outras crianças quando necessário, enquanto observavam Dibs discretamente.

As outras crianças partiram quando as mães chamaram. Quando as professoras ficaram sozinhas com Dibs, trocaram olhares e o observaram encolhido contra a parede.

– É sua vez – a senhorita Jane disse, e calmamente saiu da sala.

– Vamos, Dibs. É hora de ir para casa, agora. Está na hora do almoço – Hedda falou com paciência. Dibs não se mexeu. Sua resistência era tensa e resoluta. – Vou te ajudar com o casaco – Hedda disse, aproximando-se dele devagar e levando o casaco.

Ele não levantou os olhos. Pressionou-se com mais força contra a parede, a cabeça enterrada entre os braços.

– Por favor, Dibs. Daqui a pouco a sua mãe vai chegar. – A mãe se atrasava sempre, provavelmente esperando que a batalha do chapéu e do casaco tivesse terminado quando chegasse e que Dibs a acompanhasse com tranquilidade.

Hedda estava próxima de Dibs agora. Ela se abaixou e afagou os ombros dele.

– Vamos, Dibs – disse, com delicadeza. – Você sabe que está na hora de ir embora.

Como uma pequena Fúria[1], Dibs se lançou contra ela, arranhando, tentando morder, os pequenos punhos golpeando, berrando.

– Não pra casa! Não pra casa! Não pra casa! – Era o mesmo grito todos os dias.

– Eu sei – disse Hedda. – Mas você precisa ir para casa para almoçar. Você quer crescer e ficar forte, não quer?

Subitamente, Dibs ficou flácido. Ele parou de enfrentar Hedda. Deixou que ela enfiasse seus braços dentro das mangas e abotoasse o casaco.

– Você vai voltar amanhã – ela disse.

Quando a mãe dele o chamou, Dibs foi com ela, a expressão vazia no rosto marcado pelas lágrimas.

Algumas vezes os embates duravam mais, e ainda não tinham acabado quando a mãe chegava. Quando isso acontecia, ela pedia ao motorista para entrar e pegar Dibs. O homem era muito alto e forte. Ele entrava, apanhava Dibs nos braços e o levava até o carro, sem dizer uma palavra a ninguém. Algumas vezes, Dibs gritava durante todo o trajeto até o carro e batia no motorista com os punhos. Outras vezes, ficava calado de repente, flácido e derrotado. O homem nunca falava com Dibs. Parecia que para ele era indiferente se Dibs se debatia e berrava ou se ficava repentinamente passivo e mudo.

Dibs estava naquela escola particular havia quase dois anos. As professoras fizeram o melhor que puderam para estabelecer uma relação com ele, para obter dele uma reação. Os resultados foram inconclusivos. Dibs parecia decidido a manter todos afastados. Pelo menos era isso que Hedda

---

[1] Nome latino para a divindade que, na mitologia grega, personificava a vingança. (N.T.)

DIBS EM BUSCA DE SI MESMO

pensava. Ele fizera algum progresso na escola. Ao começar, ele não falava e nunca se aventurava a sair da cadeira. Permanecia ali, calado e imóvel, por toda a manhã. Após várias semanas, começou a deixar a cadeira e rastejar pela sala, parecendo observar algumas das coisas ao seu redor. Quando qualquer pessoa se aproximava, ele se encolhia no chão como uma bola e não se mexia. Nunca olhava diretamente nos olhos de ninguém. Nunca respondia quando lhe dirigiam a palavra.

O registro de presença de Dibs era perfeito. Todos os dias a mãe o levava à escola de carro. Ou ela o conduzia para dentro, severa e silenciosa, ou o motorista o carregava e o colocava no chão pouco depois da porta. Dibs nunca gritava nem chorava a caminho da escola. Deixado lá dentro, logo após a entrada, permanecia parado, gemendo, à espera de que alguém viesse e o levasse até a sala de aula. Quando estava com o casaco, não fazia nenhum movimento para tirá-lo. Uma das professoras o cumprimentava e tirava seu casaco, e então ele ficava por conta própria. As outras crianças logo se ocupavam com alguma atividade em grupo ou tarefa individual. Dibs passava o tempo rastejando pelos cantos da sala, escondendo-se sob as carteiras ou atrás do piano, olhando livros por horas.

Algo no comportamento de Dibs fazia com que os professores resistissem a categorizá-lo superficial e automaticamente e a mandá-lo embora. O comportamento dele era tão instável que em um dia parecia ter um grave atraso em seu desenvolvimento cognitivo, enquanto em outro fazia com rapidez e tranquilidade algo que indicava que ele poderia ter uma inteligência superior. Se ele percebesse que alguém o estava observando, depressa se recolhia para dentro de sua concha. Na maior parte do tempo, ele rastejava pelos cantos da sala, espreitava escondido sob as carteiras, balançava-se para a frente e para trás, mordia a lateral da mão e sugava o polegar, deitava-se de bruços, rígido, quando uma das professoras ou crianças tentava envolvê-lo em alguma atividade. Era uma criança solitária no que devia parecer, a ele, um mundo frio e hostil.

Tinha ataques de birra às vezes, quando era hora de ir embora, ou quando alguém tentava forçá-lo a fazer algo que ele não queria. As professoras já haviam decidido, há muito tempo, que sempre o convidariam para juntar-se ao grupo, mas nunca tentariam obrigá-lo a fazer nada, a menos que fosse absolutamente necessário. Elas ofereciam a ele livros, brinquedos, quebra-cabeças e todo tipo de material que pudesse despertar seu interesse, mas ele jamais pegava nada da mão de ninguém. Se o objeto fosse colocado em uma mesa ou no chão perto dele, algum tempo depois ele o pegava e examinava atentamente. Nunca recusava um livro. Debruçava-se sobre as páginas impressas "como se soubesse ler", como Hedda costumava dizer.

Algumas vezes, uma professora se sentava perto dele e lia uma história ou conversava sobre alguma coisa, enquanto Dibs permanecia de bruços no chão, sem se afastar, mas também sem olhar para cima ou exibir interesse explícito. A senhorita Jane frequentemente passava o tempo com ele dessa forma. Ela falava sobre várias coisas, enquanto segurava um objeto para demonstrar o que estava explicando. Uma vez, o assunto eram ímãs e os princípios da atração magnética. Em outra ocasião, o que segurava era uma rocha interessante, enquanto falava sobre qualquer coisa que acreditasse poder despertar a curiosidade dele. Ela contou que muitas vezes se sentiu uma boba, como se estivesse sentada ali falando sozinha, mas algo na postura de bruços de Dibs dava a ela a impressão de que ele estava escutando. Além do mais, ela sempre se perguntava: o que teria a perder?

As professoras estavam totalmente perdidas com Dibs. O psicólogo da escola o observou e tentou várias vezes aplicar testes nele, mas Dibs não estava pronto para ser testado. O pediatra o viu em muitas ocasiões e, por fim, jogou as mãos para o alto em desespero. Dibs tinha medo do médico de avental branco e não permitia que ele se aproximasse. Ficava colado à parede e erguia as mãos, pronto para arranhar ou para lutar, se qualquer um chegasse perto demais.

– Ele é estranho – o pediatra tinha dito. – Tem algum tipo de deficiência, quem sabe? Psicótico? Com danos cerebrais? Quem consegue chegar perto o suficiente para descobrir o que o provoca?

Aquela não era uma escola para crianças com deficiência intelectual ou problemas emocionais. Era uma escola particular muito exclusiva, para crianças de três a sete anos, instalada em uma bela mansão antiga no

Upper East Side. Tinha uma tradição que atraía os pais de crianças muito inteligentes e sociáveis.

A mãe de Dibs persuadira a diretora a aceitá-lo, usando sua influência sobre o conselho de administradores para que seu filho fosse admitido. A tia-avó de Dibs contribuía generosamente para a manutenção da instituição. Devido a essas pressões, ele foi aceito na pré-escola.

As professoras da escola indicaram várias vezes que Dibs precisava de ajuda profissional para lidar com seus problemas comportamentais. No entanto, a resposta da mãe era sempre a mesma: "Deem mais tempo a ele!".

Quase dois anos haviam transcorrido, e, embora Dibs tivesse feito algum progresso, as professoras sentiam que não era suficiente. Elas consideravam injusto com ele permitir que a situação continuasse se arrastando. Podiam apenas torcer para que ele conseguisse sair de sua concha. Quando elas discutiam sobre Dibs, e nem um só dia se passava sem que discutissem, ficavam igualmente perplexas e confusas sobre a criança. Afinal, ele só tinha cinco anos. Seria possível que ele tivesse consciência de tudo ao seu redor e mantivesse tudo trancado dentro de si? Ele parecia ler os livros sobre os quais se debruçava, mas elas achavam que isso era ridículo. Como uma criança poderia ler, se não conseguia se expressar verbalmente? Seria possível que uma criança tão complexa tivesse um sério atraso de desenvolvimento? O comportamento dele não parecia ser o de uma criança com esse diagnóstico. Estaria vivendo em um mundo criado por ele mesmo? Seria autista ou estaria desconectado da realidade? Com mais frequência, parecia que o mundo dele era uma realidade esmagadora, um tormento de infelicidade.

O pai de Dibs era um cientista famoso e brilhante, segundo diziam, mas ninguém na escola jamais o conheceu. Dibs tinha uma irmã mais nova, Dorothy, que a mãe alegava ser "muito inteligente" e uma "criança perfeita". Mas ela não frequentava a mesma escola que o irmão. Certa vez, Hedda encontrou Dorothy com a mãe no Central Park, sem a presença de Dibs. Hedda contou às demais professoras ter achado que a "Dorothy perfeita" era na verdade uma "pestinha mimada". Hedda tinha um interesse carinhoso por Dibs e acreditava que algum dia, de algum modo, ele seria capaz de sair de sua prisão de medo e raiva.

A equipe finalmente decidiu que algo precisava ser feito em relação a Dibs. Alguns pais começaram a reclamar de sua presença na escola, em especial depois de ele haver arranhado ou mordido outra criança.

Foi nessa altura que recebi um convite para comparecer a uma reunião destinada a analisar os problemas de Dibs. Sou psicóloga clínica especializada em trabalhar com crianças e seus pais. Foi nessa reunião que ouvi falar de Dibs pela primeira vez, e as informações que aqui relatei foram fornecidas pelas professoras, pelo psicólogo da escola e pelo pediatra. Eles me pediram que eu encontrasse Dibs e a mãe e depois desse meu parecer, antes que a equipe resolvesse dispensá-lo e o considerasse um dos fracassos da escola.

A reunião aconteceu na escola. Eu escutei com interesse todos os comentários. Fiquei impressionada com o impacto da personalidade de Dibs sobre aquelas pessoas. Elas se sentiam frustradas e perpetuamente desafiadas por seu comportamento errático. Ele era consistente apenas em seu antagonismo, na rejeição hostil a todos os que se aproximavam demais. A evidente infelicidade dele incomodava aquelas pessoas sensíveis, que sentiam sua tristeza devastadora.

A senhorita Jane me contou que havia tido uma reunião com a mãe dele na semana anterior, informando que muito provavelmente tivessem de tirar Dibs da escola, porque sentiam que haviam feito tudo o que podiam para ajudá-lo, mas que o máximo não havia sido suficiente. A mãe ficou muito contrariada; era uma pessoa difícil de entender, mas concordou que um consultor fosse chamado para uma nova tentativa de avaliação do filho. A senhorita Jane então falou com ela sobre o meu trabalho, e ela concordou em conversar comigo sobre Dibs e permitiu que eu o observasse aqui na escola. Depois, ela disse que, se não pudessem mantê-lo na escola, gostaria de uma indicação de um internato particular para crianças com deficiência intelectual. A mãe informou que ela e o marido haviam aceitado o fato de que Dibs tinha uma deficiência ou algum tipo de lesão no cérebro.

Esse comentário provocou uma explosão em Hedda.

– Ela prefere acreditar que o filho tenha uma deficiência intelectual a admitir que talvez ele seja emocionalmente instável, e que talvez ela seja responsável por isso! – ela exclamou.

– Parece que não conseguimos ser muito objetivas quando se trata dele – disse a senhorita Jane. – Acho que é por isso que o mantivemos aqui por todo esse tempo, e por isso celebramos tanto o pouco progresso que ele *realmente* fez. Nós não suportaríamos expulsá-lo sem nos envolver em sua defesa. Nunca conseguimos debater claramente sobre o Dibs sem nos envolver em nossas próprias reações emocionais em relação a ele e às atitudes dos pais. E nem mesmo temos certeza de que nossas atitudes para com os pais sejam justificadas.

– Estou convencida de que ele está prestes a desabrochar – disse Hedda. – Não acredito que ele consiga sustentar suas defesas por muito tempo.

Obviamente, havia acerca daquela criança algo que conquistara o interesse e o sentimento delas. Eu sentia a compaixão de ambas pelo menino. Pude sentir o impacto da personalidade dele. Pude sentir a consciência esmagadora das nossas limitações para compreender, em termos claros, concisos e estáveis, as complexidades de uma personalidade. Eu valorizava o respeito pela criança que permeava a reunião.

Ficou decidido que eu me encontraria com Dibs para uma série de sessões de ludoterapia, se os pais concordassem com a ideia. Não tínhamos forma de saber o que isso poderia agregar à história de Dibs.

CAPÍTULO DOIS

De volta ao ar livre noturno, a fraca iluminação turva as linhas determinadas da realidade e lança sobre o mundo imediato uma delicada imprecisão. Agora, não se trata de uma questão em preto e branco, não se trata de "é isto", porque não existe a luz clara da evidência inequívoca sob a qual se enxergue uma coisa como *é assim*, uma luz sob a qual se *conheçam as respostas*. O céu escuro proporciona um espaço crescente para julgamentos suavizados, acusações suspensas, acolhimento emocional. Nesse contexto, parece haver tantas possibilidades que as definições se tornam ambíguas. Aqui, o benefício de uma dúvida pode florescer e sobreviver por tempo suficiente para forçar considerações sobre o escopo e as limitações da avaliação humana. Pois, quando o horizonte de uma pessoa se amplia ou se estreita, as distâncias não podem ser medidas por outras pessoas. O entendimento brota da experiência individual que permite que uma pessoa veja e sinta de modos tão variados, e tão cheios de significados mutáveis, que o fator determinante é a autoconsciência. Aqui, pode-se admitir mais prontamente que a substância de um mundo indistinto é projetada a partir de pensamentos, atitudes, emoções e necessidades pessoais. Talvez seja mais fácil compreender que, embora não tenhamos a ciência para enumerar as razões para o comportamento de outra pessoa, podemos dar como

DIBS EM BUSCA DE SI MESMO

garantido que todo indivíduo *tem* seu mundo interior de significados, concebido a partir da integridade e da dignidade de sua personalidade.

Saí daquela reunião levando comigo uma sensação de respeito compartilhado e ansiedade para conhecer Dibs. Fui contagiada pela irritação com aquela complacência que desiste sem tentar mais uma vez – sempre, só mais uma vez – destrancar a porta das nossas respostas inadequadas para os problemas em saúde mental. Não temos todas as respostas para os problemas que se entrelaçam no campo da saúde mental. Sabemos que muitas das nossas impressões são frágeis. Reconhecemos o valor da objetividade e da pesquisa tranquila e ordenada, mas entendemos que pesquisa é uma combinação fascinante de intuição, especulação, subjetividade, imaginação, esperança e sonho, misturados com precisão a fatos obtidos objetivamente, conectados à realidade de uma ciência matemática. Um sem o outro fica incompleto. Juntos, eles avançam pelo caminho em busca da verdade, seja onde for que ela possa ser encontrada.

Então, logo eu conheceria Dibs. Pretendia observá-lo na escola, enquanto interagia com outras crianças do grupo. Tentaria vê-lo sozinho por algum tempo. Depois, iria à casa dele para me reunir com a mãe. Decidiríamos um horário para as outras sessões na brinquedoteca do Child Guidance Center. E partiríamos daí.

Estávamos procurando uma solução para um problema, e todos sabíamos que essa experiência adicional seria apenas um pequeno vislumbre da vida particular do menino. Não sabíamos o que a experiência poderia significar para ele. Era mais uma chance de agarrar um fio, que talvez pudesse levar a pequenos fragmentos de compreensão e somar ao nosso entendimento.

Enquanto descia a East River Drive, pensei nas muitas crianças que já conhecera – crianças que eram infelizes, frustradas em suas tentativas de conquistar uma individualidade que pudessem reivindicar com dignidade –, crianças que não eram compreendidas e que lutavam para se tornar pessoas por seu próprio direito. A partir de sentimentos, pensamentos, fantasias, sonhos e esperanças projetados, surgiram novos horizontes em cada criança. Eu conheci crianças dominadas por seus medos e ansiedades e que, em autodefesa, por diversas razões, lutaram contra um mundo intolerável para elas. Algumas emergiram com força renovada e capacidade de lidar com seus mundos mais construtivamente. Algumas não foram capazes de suportar o impacto de seus destinos ultrajantes. E não existe resposta tranquilizadora: dizer que a criança foi rejeitada e não aceita não acrescenta nada à nossa compreensão de seu mundo interior. Com frequência, esses termos são apenas rótulos convenientes, colados como álibis para desculpar nosso desconhecimento. Nós precisamos evitar os clichês, as interpretações e as explicações ligeiras e padronizadas. Se queremos nos aproximar da verdade, precisamos olhar mais profundamente para as razões do nosso comportamento.

Decidi ir à escola no dia seguinte e telefonar para a mãe de Dibs, para marcar uma reunião na casa da família o mais rápido possível. Verei Dibs na próxima quinta-feira, na sala de ludoterapia do Child Guidance Center. Mas onde tudo isso vai dar? Se ele não conseguir derrubar os muros que construiu tão firmemente ao redor de si – e é bastante possível que não consiga –, terei de pensar em outro tipo de abordagem. Às vezes, uma coisa funciona muito bem com uma criança e não funciona com outra. Não desistimos facilmente. Não descartamos um caso como "sem esperança", sem tentar apenas mais uma coisa. Algumas pessoas consideram que manter a esperança quando não há base para ela é algo ruim. Mas não estamos buscando um milagre. Estamos buscando entendimento, acreditando que o entendimento vai nos levar às portas de modos mais efetivos de ajudar a pessoa a desenvolver e usar suas capacidades de forma mais construtiva. As pesquisas continuam, e continuaremos a buscar um caminho para sair da vastidão do nosso desconhecimento.

Na manhã seguinte, fui à escola antes da chegada das crianças. As salas da pré-escola eram claras e alegres, com mobiliário apropriado e atrativo.

– As crianças vão chegar logo – disse a senhorita Jane. – Estou muito interessada na sua opinião sobre o Dibs. Espero que ele possa ser ajudado. Essa criança me mata de preocupação. Você sabe, quando uma criança tem realmente um atraso mental, há um padrão geral consistente no comportamento, que se revela nos interesses e atitudes. Mas Dibs? Nunca

DIBS EM BUSCA DE SI MESMO

sabemos em que humor ele estará, só *sabemos* que não haverá sorrisos. Nenhum de nós jamais o viu sorrir ou parecer remotamente feliz. Essa é uma das razões pelas quais sentimos que o problema dele ultrapassa muito o mero atraso mental. Ele é emocional demais. Ah, aí vêm algumas crianças, agora.

As crianças começaram a chegar. A maioria se aproximou com expressão de felicidade e expectativa. Elas pareciam relaxadas e à vontade na escola. Cumprimentaram-se animadamente umas às outras e as professoras. Algumas falaram comigo, perguntando meu nome e o motivo de estar lá. Tiraram seus chapéus e casacos e os penduraram nos armários. A pré-escola era uma fase de escolhas livres. As crianças procuravam os jogos e as atividades que lhes interessavam, brincavam e conversaram de modo muito espontâneo.

Então Dibs chegou. A mãe o levou para a classe, e eu tive apenas uma visão rápida, pois ela conversou brevemente com a senhorita Jane e se despediu, deixando Dibs. Ele estava vestindo um casaco cinza de lã e um boné e permaneceu onde a mãe o deixou. A senhorita Jane falou com ele, perguntando se ele gostaria de pendurar o casaco e o boné. No entanto, ele não respondeu.

Ele era um menino grande para a idade e tinha um rosto muito pálido. Quando a senhorita Jane removeu o boné, pude ver seus cabelos pretos encaracolados. Seus braços pendiam inertes nas laterais do corpo, e, apesar da ajuda da senhorita Jane para tirar seu casaco, ele não parecia colaborativo. Ela então pendurou o chapéu e o casaco no armário dele.

Depois, aproximou-se de mim e falou, baixinho:

– Bem, aí está o Dibs. Ele nunca tira o casaco e o chapéu sozinho, então geralmente nós fazemos isso. Às vezes tentamos fazê-lo juntar-se a uma das outras crianças em alguma atividade, ou dar a ele algo específico para fazer. Mas ele rejeita todas as nossas ofertas. Hoje, vamos simplesmente deixá-lo em paz, para que você veja por si mesma o que ele vai fazer. Ele pode ficar parado ali de pé por muito, muito tempo. Ou pode começar a ir de uma coisa para outra. Às vezes, ele passa de uma coisa a outra como se não tivesse capacidade de concentração. Por outro lado, pode se concentrar em uma única coisa por uma hora. Tudo depende de como ele está se sentindo.

A senhorita Jane foi para junto das outras crianças, e eu observei Dibs, tentando disfarçar que estava prestando atenção nele.

Ele continuava ali parado, sem se mover. Então, de maneira lenta e determinada, ele se virou e levantou as mãos em um gesto quase fútil de desespero, antes de deixá-las cair novamente. Ele se virou de novo, e, dessa vez, eu estava em seu campo de visão – se ele se desse ao trabalho de olhar para mim. Dibs suspirou, mordeu os lábios e continuou parado ali.

De repente, um menininho correu até Dibs e disse:

– Oi, Dibs! Vem brincar!

Dibs avançou no menino e poderia tê-lo arranhado, mas o pequeno saltou ágil para trás.

– Gato! Gato! Gato! – o menino provocou.

A senhorita Jane se aproximou e disse para o menino ir brincar em outra parte da classe.

Dibs foi até a parede, onde havia uma mesinha com algumas rochas, conchas, pedaços de carvão e outros minerais. Ele ficou de pé ao lado da mesa e, lentamente, começou a pegar um objeto após o outro. Deslizou os dedos ao redor, tocou a bochecha com eles, cheirou e até lambeu alguns. Depois, colocou-os de volta cuidadosamente. Em determinado momento, ele olhou na minha direção de modo fugaz, mas logo desviou o olhar. Em seguida, abaixou-se e rastejou para baixo da mesa, ficando quase totalmente fora de vista.

Então, notei que as outras crianças estavam trazendo as cadeiras para formar um pequeno círculo ao redor de uma das professoras. Era a hora de as crianças mostrarem umas às outras o que tinham levado para a escola e contar alguma novidade importante para elas. A professora contou uma história, e as crianças cantaram um pouco.

Dibs, que estava debaixo da mesa, não estava muito longe. De seu ponto de observação, conseguia ouvir o que estavam dizendo e ver o que estavam mostrando – se quisesse. Teria ele previsto aquela atividade em grupo quando rastejou para baixo da mesa? Era difícil dizer. Ele ficou lá

Dibs em busca de si mesmo

até que a formação da roda se desfez e as crianças partiram para outras atividades. Então, ele também partiu para outra coisa.

Ele rastejou ao redor da sala de aula, sempre perto da parede, parando para examinar várias coisas que encontrou. Quando chegou à ampla janela onde ficavam o terrário e o aquário, ele ficou em pé ao lado deles e olhou fixamente para dentro dos grandes recipientes quadrados de vidro. De vez em quando, enfiava a mão e tocava algo no terrário, demonstrando habilidade e leveza ao toque. Ele ficou ali por meia hora, absorto em sua observação. Depois, ele retomou o rastejo e completou o circuito pela sala de aula. Algumas coisas ele tocava rapidamente e com cuidado, antes de passar para o objeto seguinte.

Quando chegou à seção dos livros, ele tateou os exemplares sobre a mesa, escolheu um, pegou uma cadeira e a arrastou pela sala até um canto, onde se sentou de frente para a parede. Ele abriu o livro no começo e lentamente observou cada página, virando as folhas com cuidado. Será que ele estava lendo? Será que estava, pelo menos, vendo as figuras? Nesse momento, uma das professoras foi até ele.

– Ah, estou vendo que você está olhando o livro dos pássaros. Quer me contar sobre ele, Dibs? – perguntou a professora com uma voz gentil e afetuosa.

Dibs arremessou o livro para longe e se jogou no chão, ficando deitado de forma rígida, com o rosto para baixo e imóvel.

– Me desculpe – disse a professora. – Eu não quis incomodar você, Dibs.

Ela apanhou o livro, recolocou-o na mesa e veio até mim.

– Bem, isso foi típico. Aprendemos a não incomodar o Dibs. Mas eu queria que você visse.

Dibs, ainda de bruços, virou a cabeça para poder observar a professora. Nós fingimos não estar prestando atenção nele. Finalmente, ele se levantou e caminhou lentamente pelas bordas da sala. Tocou nas tintas, lápis de cor, argila, pregos, martelo, madeira, tambor e pratos musicais. Pegou cada item e os devolveu ao lugar. As outras crianças cuidavam dos próprios assuntos sem dar muita atenção a Dibs. Ele evitava todo contato físico com elas, e elas o deixavam em paz.

Então chegou o momento de ir brincar lá fora. Uma das professoras me disse:

– Talvez ele vá, talvez não. Eu não apostaria um centavo em nenhuma das opções.

Ela anunciou que era hora de ir brincar lá fora e perguntou a Dibs se ele queria ir.

– Não sai – ele disse, em uma voz séria e monótona.

Eu disse que estava pensando em sair, pois estava um dia tão bonito. Coloquei meu casaco.

De repente, Dibs disse:

– Dibs sai!

A professora vestiu o casaco nele, e ele caminhou de modo desajeitado para o pátio. Sua coordenação motora era muito pobre. Era como se ele estivesse todo amarrado, tanto fisicamente como emocionalmente.

As outras crianças foram para o tanque de areia, balanços, trepa-trepa, bicicletas e brincaram de bola, pega-pega e esconde-esconde. Correram, pularam, treparam e saltaram. Mas não Dibs. Ele foi para um canto isolado, pegou um graveto, agachou-se e o arrastou para trás e para a frente na terra, fazendo pequenos sulcos. Sem olhar para ninguém, fixando seu olhar no graveto e no chão, imerso em sua atividade solitária e silenciosa. Recolhido. Afastado.

Decidimos que, quando as crianças voltassem para a sala de aula após o intervalo de descanso, eu levaria Dibs para a brinquedoteca, no final do corredor, se ele quisesse me acompanhar.

Quando a professora deu o sinal, todas as crianças entraram na sala. Até Dibs. A senhorita Jane o ajudou a tirar o casaco, e desta vez ele entregou o boné. A professora colocou um disco de música suave, relaxante, para tocar durante o período de descanso. Dibs pegou seu colchonete e o posicionou sob a mesa de leitura, a certa distância das outras crianças. Deitou-se de bruços, enfiou o polegar na boca e descansou com os demais. O que será que ele estaria pensando em seu mundinho solitário? Quais eram seus sentimentos? Por que se comportava daquela maneira? O que teria acontecido com a criança para provocar esse tipo de afastamento das pessoas? Será que conseguiríamos chegar ao seu interior?

Depois do período de descanso, as crianças guardaram seus colchonetes, e Dibs enrolou o seu e o guardou no lugar correto da prateleira. As crianças foram divididas em grupos menores: um grupo trabalharia na construção de objetos a partir de ripas de madeira, enquanto o outro trabalharia com pintura ou argila.

Dibs permaneceu junto à porta. Fui até ele e perguntei se sairia para o corredor e iria comigo até a brinquedoteca por um instante. Estendi a mão para ele. Ele hesitou por um momento, depois pegou minha mão sem dizer uma palavra e caminhou para a brinquedoteca comigo. Quando passamos pelas portas de outras salas de aula, ele murmurou algo que não consegui entender, mas não pedi que repetisse. Comentei que a brinquedoteca era no final do corredor. Estava curiosa sobre sua reação inicial. Ele deixou a sala de aula com uma estranha sem olhar para trás, mas, ao segurar minha mão, pelo aperto forte notei que estava tenso. Mesmo assim, estava, surpreendentemente, disposto a ir.

No fim do corredor, debaixo da escada dos fundos, havia uma pequena sala designada como sala de ludoterapia. No entanto, não era atrativa, apresentando certa insipidez fria em sua falta de cores e decoração. Embora possuísse uma janela estreita que permitia a entrada de um pouco de sol, o efeito geral era sombrio, apesar de as lâmpadas estarem acesas. As paredes eram de um tom escuro de couro, com manchas irregulares de pontos desbotados aqui e ali. Alguns pontos eram circundados por restos da tinta que se prenderam à superfície áspera do gesso. O chão era revestido de linóleo marrom, triste, com faixas que foram deixadas pelo movimento rápido de um esfregão não muito limpo. Além disso, um cheiro pungente de argila úmida, areia molhada e aquarelas velhas impregnava o ar.

Os brinquedos eram distribuídos pela sala, estando presentes sobre a mesa, no chão e em prateleiras ao redor do ambiente. Havia uma casa de bonecas no chão, com cada cômodo mobiliado de forma simples com móveis de blocos robustos. Na frente da casinha, uma família de bonecas pequenas estava amontoada, incluindo mãe, pai, menino, menina e um bebê, junto com uma caixa aberta contendo outras bonecas em miniatura. Alguns animais de borracha, como um cavalo, um leão, um cachorro, um gato, um elefante e um coelho, também estavam presentes, bem como alguns carros e aviões de brinquedo. No chão, havia uma caixa de blocos de montar, enquanto, na caixa de areia, estavam panelas, colheres e alguns pratinhos. Na mesa, havia um pote de argila, algumas tintas e papel de desenho no cavalete, além de uma mamadeira com água na prateleira. Uma boneca grande de pano estava sentada em uma cadeira, enquanto, no canto da sala, uma figura alta de borracha inflável com peso na base foi posicionada de modo a voltar à posição ereta depois de ser golpeada. Embora os brinquedos fossem resistentes, pareciam bastante desgastados e usados.

Não havia na sala ou em seus materiais algo que pudesse restringir as atividades de uma criança. Nada parecia frágil demais ou bom demais para ser tocado ou golpeado com força. A sala oferecia espaço e alguns objetos que poderiam trazer à tona a personalidade das crianças que passassem algum tempo ali. Os elementos dessa experiência tornariam a sala única e diferente para cada criança. Aqui, uma criança poderia buscar silêncio para acalmar velhos ruídos, expressar suas descobertas em voz alta para si mesma e, também, escapar da prisão de suas incertezas, ansiedades e medos. A criança traz para dentro dessa sala o impacto de todas as formas, sons, cores e movimentos, reconstruindo seu mundo, agora reduzido a um tamanho com o qual possa lidar.

Quando entramos na sala, eu falei:

– Vamos ficar por uma hora juntos aqui na brinquedoteca. Você pode ver os brinquedos e materiais que temos. Você decide o que quer fazer.

Eu me sentei em uma cadeirinha logo depois da porta. Dibs ficou de pé no centro da sala, de costas para mim, retorcendo as mãos. Aguardei. Tínhamos uma hora para ficar na sala. Não havia urgência de se fazer coisa nenhuma. Brincar ou não brincar. Conversar ou ficar em silêncio. Aqui dentro, não faria diferença. A sala era muito pequena. Independentemente de para onde fosse, lá dentro, não teria como se afastar muito. Havia uma mesa sob a qual ele poderia rastejar, caso quisesse se esconder. Ao lado da mesa havia uma cadeira, caso quisesse se sentar. Havia brinquedos com os quais brincar, caso quisesse.

No entanto, Dibs permaneceu imóvel por um momento, soltando um suspiro. Então, ele se virou lentamente e começou a caminhar hesitante pela sala, seguindo as paredes. Ele explorou cada brinquedo com toques suaves e cautelosos, evitando meu olhar direto. De vez em quando, espiava na minha direção, mas logo desviava o olhar se nossos olhos se encontrassem. O passeio pela sala parecia tedioso, e seus passos eram arrastados. Não havia sinal de riso ou alegria naquela criança, e a vida parecia ser um peso para ele.

Ele se aproximou da casa de bonecas, deslizou a mão pelo telhado, ajoelhou-se ao lado e espiou os móveis lá dentro. Devagar, pegou os móveis um a um. Ao fazer isso, murmurou o nome dos objetos com uma entonação interrogativa, vacilante. A voz era monocórdica e baixa.

– Cama? Cadeira? Mesa? Berço? Cômoda? Rádio? Banheira? Privada?

Ele pegou, nomeou e cuidadosamente devolveu ao lugar cada item da casa de bonecas. Virou-se para as bonecas empilhadas e lentamente as classificou. Ele escolheu um homem, uma mulher, um menino, uma menina e um bebê. Era como se os tentasse identificar, enquanto dizia:

– Mamãe? Papai? Irmã? Neném?

Depois, selecionou os bichinhos.

– Cachorro? Gato? Coelho?

Ele suspirava profunda e repetidamente. Parecia ser muito difícil e custosa a tarefa que dera a si mesmo.

Cada vez que ele nomeava um objeto, eu tentava transmitir meu reconhecimento à palavra verbalizada dele. Eu dizia: "Sim, isto é uma cama", ou "Acho que é uma cômoda", ou "Parece ser um coelho". Tentei manter minha resposta curta, alinhada ao que ele dizia, e com variação suficiente para evitar a monotonia. Quando ele pegou a boneca pai e disse "Papai?", eu respondi "Poderia ser o papai". E assim foi nossa conversa, a cada item que ele recolhia e nomeava. Pensei que aquela era sua forma de começar uma comunicação verbal. Nomear objetos parecia um início bem seguro.

Em seguida, ele se sentou no chão em frente à casa de bonecas e a observou em silêncio por um longo período. Eu não o estimulei. Se ele queria ficar sentado ali em silêncio, então ficaríamos em silêncio. Devia haver uma razão para o que ele estava fazendo, e eu queria que ele tomasse a iniciativa de construir nosso relacionamento. Com muita frequência, isso é feito por algum adulto ansioso, em vez de permitir que a criança lidere o processo.

Ele entrelaçou as mãos com força na frente do peito e repetiu muitas vezes:

– Não porta trancada. Não porta trancada. Não porta trancada. – Sua voz ganhou uma nota de urgência desesperada. – Dibs não gosta porta trancada – ele disse, com choro na voz.

Eu respondi:

– Você não gosta que as portas sejam trancadas.

Dibs pareceu enrijecer-se. Sua voz se tornou um sussurro rouco.

– Dibs não gosta porta fechada. Não gosta porta fechada e trancada. Dibs não gosta de parede em volta dele.

Obviamente, ele tivera algumas vivências infelizes com portas fechadas e trancadas. Reconheci os sentimentos que ele expressava. Então, ele começou a tirar as bonecas da casa onde as tinha colocado. Tirou a boneca mãe e a boneca pai.

– Vai loja! Vai loja! Vai embora pra loja. Vai embora!

– Ah, a mamãe está indo para a loja? – eu comentei. – E o papai também? E a irmã?

Ele rapidamente tirou os dois últimos da casa. Depois, descobriu que as paredes dos cômodos da casa de bonecas podiam ser removidas. Ele tirou cada uma, dizendo enquanto as tirava:

– Não gosto de parede. Dibs não gosta de parede. Tira todas as paredes, Dibs! – E nessa brinquedoteca Dibs removeu umas poucas paredes que havia construído ao redor de si mesmo.

Dessa forma ele lentamente, quase dolorosamente, brincou. Quando deu o horário, disse a ele que a hora da brincadeira estava quase no fim, e que voltaríamos para a classe dele.

– Tem mais cinco minutos. Depois teremos que ir.

Ele se sentou no chão em frente à casa de bonecas, ficou imóvel, e eu também permaneci em silêncio ao lado dele. Quando se completaram os cinco minutos, nós voltamos para a sala de aula.

Não perguntei se ele queria ir, pois ele não tinha escolha, e isso poderia ser uma pressão desnecessária. Além disso, essa decisão não cabia a ele. Eu também não falei que o veria na semana seguinte, pois ainda não tinha combinado o plano com a mãe dele e não queria criar expectativas que talvez não se concretizassem. Não perguntei se ele tinha se divertido, pois a brincadeira é a forma natural da criança e não deve ser avaliada por uma resposta estereotipada. Uma criança pode ficar confusa com perguntas que já foram respondidas por outra pessoa antes que ela pudesse se expressar.

Quando os cinco minutos tinham passado, eu me levantei e disse:

– Agora é hora de ir embora, Dibs.

Ele se levantou devagar, pegou minha mão, saímos da sala e começamos a andar pelo corredor. Quando estávamos na metade do caminho e a porta da classe dele estava à vista, perguntei se ele achava que conseguiria fazer sozinho o resto do caminho.

– Isso mesmo – ele disse. Soltou minha mão e percorreu o corredor sozinho até a porta da sala de aula dele.

Agi assim porque esperava que Dibs fosse aos poucos se tornando mais autossuficiente e responsável. Quis comunicar a ele minha confiança em sua habilidade de estar à altura das minhas expectativas. Eu acreditava que ele fosse capaz, mas, se Dibs tivesse hesitado, dado sinais de aquilo fosse demais para fazer no primeiro dia, eu o teria acompanhado por mais um trecho do corredor. Teria ido junto até a porta da sala, caso ele parecesse precisar desse apoio. Mas ele foi sozinho.

–Tchau, Dibs! – eu disse.

– Isso mesmo! – ele disse. Sua voz tinha um tom suave e gentil. Dibs andou o restante do corredor, abriu a porta da sala e então olhou para trás. Eu acenei. A expressão em seu rosto era interessante, parecia um tanto surpreso, quase satisfeito. Ele entrou na sala e fechou a porta firmemente atrás de si. Foi a primeira vez que ele foi sozinho a algum lugar.

Um dos meus objetivos ao construir esse relacionamento com Dibs era ajudá-lo a conquistar independência emocional. Eu não queria complicar as coisas, criando um relacionamento de apoio que o tornasse tão dependente de mim a ponto de atrasar o desenvolvimento completo de sua autoconfiança. Se Dibs era uma criança emocionalmente carente, e as indicações eram que sim, tentar desenvolver um vínculo emocional agora poderia parecer satisfazer uma necessidade profunda da criança, mas criaria um problema que, em última instância, ele precisaria resolver sozinho.

Quando terminei a primeira sessão de ludoterapia com Dibs, entendi por que as professoras e outros membros da escola não conseguiam descartá-lo como um fracasso sem esperança. Respeitei a força interna e a capacidade dele. Dibs era uma criança de enorme coragem.

CAPÍTULO TRÊS

Telefonei para a mãe de Dibs e pedi uma reunião com ela para o mais breve possível. Ela respondeu que estava esperando minha ligação e ficaria feliz se eu fosse tomar chá em sua casa. Marcamos para o dia seguinte às quatro horas, eu agradeci e aceitei o convite.

A família morava em uma das antigas casas de pedra marrom e com um parapeito típico no Upper East Side da cidade. A fachada era bem conservada, com muito zelo e atenção aos detalhes. A porta estava perfeitamente polida, e as guarnições de metal brilhavam. A casa ficava localizada em uma rua antiga e parecia preservar a essência da época em que essas adoráveis mansões foram erigidas. Quando cheguei, abri o portão de ferro trabalhado, subi os degraus e toquei a campainha. Através da porta fechada, ouvi gritos abafados. "Não porta trancada! Não porta trancada! Não! Não! Não!". A voz sumiu no silêncio, e aparentemente Dibs não se juntaria a nós para o chá. Uma criada de uniforme abriu a porta, e eu me apresentei. Ela me conduziu à sala de estar. A criada era uma mulher muito magra e séria que parecia estar com a família há muitos anos. Ela era distante, precisa e formal. Eu me perguntei se ela às vezes sorria, ou mesmo se sentia haver qualquer coisa leve ou divertida no mundo. Caso afirmativo, ela era bem disciplinada e escondia toda identidade individual e espontaneidade.

A mãe de Dibs me cumprimentou graciosamente, mas com gravidade. Fizemos os comentários iniciais comuns sobre o clima e como era bom termos a oportunidade de nos conhecer. A casa era bela e precisamente mobiliada. No entanto, a sala de visitas não indicava que alguma criança já tivesse passado sequer cinco minutos ali. Na verdade, não havia sinal de que qualquer pessoa *vivesse* naquela casa.

O chá foi trazido. A louça era linda. Ela não perdeu tempo estruturando a situação.

– Entendo que você foi chamada como consultora no caso do Dibs – ela disse. – É muito gentil de sua parte aceitar essa atribuição. Quero que saiba que não esperamos nenhum milagre. Aceitamos a tragédia que envolve o Dibs. Sei um pouco sobre sua reputação profissional e tenho muito respeito por pesquisa em todas as ciências, incluindo a ciência do comportamento humano. Não esperamos nenhuma mudança milagrosa no Dibs, porém, se ao estudá-lo você conseguir avançar na compreensão do comportamento humano, mesmo que seja apenas um pouco, estamos mais do que dispostos a cooperar.

Era inacreditável. Ali estava ela, no melhor espírito científico, oferecendo-me alguns dados para estudar. Não se tratava de uma criança em apuros, nem de seu próprio filho, apenas dados. E deixou bem claro que não esperava nenhuma melhora nos resultados. Fiquei ouvindo enquanto ela me contava, muito brevemente, as estatísticas básicas de Dibs: data de nascimento, desenvolvimento lento e possibilidade de implicações físicas. Ela estava sentada na cadeira quase sem se mexer, tensa e terrivelmente controlada. Seu rosto era muito pálido, o cabelo grisalho dividido ao meio e puxado para trás em um coque na base da nuca. Seus olhos eram azul-claros, os lábios finos como linhas, os quais ela ocasionalmente mordia nervosamente. Vestia um elegante vestido cinza-aço, classicamente simples. De modo frio, era uma mulher muito bonita, difícil de estimar sua idade. Parecia ter cinquenta anos, mas poderia ser muito mais jovem. Sua fala era precisa e inteligente. Ela parecia estar exibindo uma fachada corajosa, mas, com toda a probabilidade, era tão profundamente infeliz quanto Dibs.

Então ela me perguntou se eu estudaria Dibs na sala de brinquedos dele, no andar de cima, nos fundos da casa.

– Ninguém jamais interromperia ou incomodaria você lá. Ele tem muitos brinquedos, e ficaríamos satisfeitos em providenciar qualquer outro material que você quisesse ou de que precisasse.

– Não, obrigada. Será melhor se eu o vir na brinquedoteca do Child Guidance Center. As sessões serão de uma hora, uma vez por semana.

Aquele era claramente um arranjo perturbador, e ela tentou de novo.

– Ele tem muitos brinquedos adoráveis no quarto. Nós pagaremos honorários mais altos com prazer, se você vier aqui.

– Sinto muito, mas não posso fazer isso. E não haverá pagamento de honorários de forma alguma.

– Ah, mas nós podemos pagar – ela acrescentou, depressa. – Eu insisto em remunerar você por esse estudo.

– É muito gentil de sua parte – respondi. – Mas não haverá honorários. Só peço que a senhora garanta que ele chegue no horário e que compareça assiduamente, a menos, claro, que esteja doente. Gostaria de ter sua autorização por escrito para registrar integralmente todas as entrevistas do estudo. Além disso, eu vou lhe entregar uma declaração por escrito garantindo que, caso esse conteúdo vier a ser usado como material de ensino, reportagem ou publicação sob qualquer forma, todas as informações identificadoras serão alteradas tão completamente que ninguém jamais saberá ou será capaz de adivinhar a verdadeira identidade de Dibs.

Entreguei-lhe a declaração que tinha sido redigida para aquele encontro, e ela a leu cuidadosamente.

– Muito bem – ela disse, por fim. – Posso guardar isso?

– Sim. E a senhora e o seu marido assinam esta autorização, concedendo-nos o seu consentimento para registrar integralmente todas as entrevistas, com a condição de que o material será completamente alterado, caso seja publicado?

Ela pegou o papel e o leu com muito cuidado.

– Posso ficar com isto e conversar com o meu marido, e mandar para você por correio, se decidirmos ir em frente?

– Certamente. Eu agradeceria se me informasse, independentemente da decisão que tomarem.

Ela segurou o papel com cautela e umedeceu os lábios. Era certamente um contraste muito grande com a entrevista inicial costumeira com uma mãe. Eu me sentia tão pouco à vontade quanto ela provavelmente estava transformando em negociação o assunto da avaliação do filho. Mas senti que era uma possibilidade remota que eu precisava agarrar – caso contrário, Dibs não seria encaminhado ao Child Guidance Center.

– Eu vou lhe informar assim que decidirmos.

Meu coração afundou um pouco. Afinal, ela poderia usar aquilo como escapatória. Mas, se concordasse, estaria se comprometendo completamente. Eu tinha certeza de que, se eles assinassem, cumpririam sua parte no acordo. Caso contrário, não poderíamos contar com o comparecimento regular que era necessário.

Após uma longa pausa, ela disse:

– Eu não entendo por que você recusa os honorários. Uma família pode pagar honorários substanciais, o que permitiria que você cuidasse de outra criança, cujos pais talvez não possam pagar.

– Meu trabalho é primordialmente em pesquisa para aumentar nossa compreensão das crianças – expliquei. – Eu recebo um salário pelo trabalho que realizo, o que elimina a questão da capacidade de pagamento e da sensação de que estou oferecendo um serviço pelo qual alguns pagam e outros não. Se a senhora tiver interesse em fazer uma contribuição para a pesquisa do Child Guidance Center, totalmente desvinculada deste caso em particular, isso fica a seu critério. As pesquisas são financiadas principalmente dessa maneira.

– Entendo. Mas, ainda assim, estaria disposta a remunerar você.

– Tenho certeza de que sim. E agradeço sua preocupação. No entanto, só poderei atender Dibs nessas condições.

Agora havia acabado. Eu estava na ponta do galho, e ela poderia cortá-lo com a velocidade de uma serra elétrica. Senti com muita força que, se superássemos aquela pequena controvérsia, teríamos conquistado algo importante na construção da responsabilidade necessária para a mãe.

DIBS EM BUSCA DE SI MESMO

Provavelmente, ela muitas vezes tinha conseguido pagar para evitar assumir esse nível de responsabilidade comprometida por Dibs. Decidi que era importante eliminar essa questão da melhor maneira possível naquele momento.

Ela ficou muito calada por alguns minutos. As mãos estavam unidas com força no colo, enquanto seu olhar estava fixado nelas. De repente, lembrei-me de Dibs se atirando de rosto para baixo, de bruços no chão, rígido e em silêncio. Mais uma vez, pensei que ela era tão triste e distante quanto o filho.

Finalmente, ela olhou para mim, desviou rapidamente o olhar e evitou meus olhos.

– Preciso lhe dizer uma coisa. Para obter mais detalhes sobre a história do caso de Dibs, só posso indicar que contate a escola. Não há mais nada que eu mesma possa acrescentar. Além disso, não poderei comparecer às entrevistas. Se essa é uma das suas condições, podemos abandonar o acordo agora mesmo. Não há mais nada que eu possa acrescentar. Isto é uma tragédia, uma grande tragédia. Quanto ao Dibs, bem, ele é apenas mentalmente retardado.[2] Nasceu assim. No entanto, não estarei disponível para comparecer a quaisquer entrevistas ou questionamentos.

Ela olhou para mim de novo. Parecia aterrorizada com a ideia de ser pessoalmente inquirida.

– Eu compreendo. Respeitarei seu desejo em relação a isso. No entanto, gostaria de dizer o seguinte: se em algum momento a senhora quiser conversar comigo sobre Dibs, fique à vontade para entrar em contato. Mas essa é uma decisão sua, totalmente a seu critério.

Ela pareceu relaxar um pouco.

– Meu marido também não está disposto a ir.

– Tudo bem. Como queiram.

– Quando eu o levar ao Child Guidance Center, não poderei ficar lá à espera. Terei de voltar ao fim do horário – ela acrescentou.

---

[2] Apesar de ser um termo em desuso, mas comum à época, foi mantido nesta edição a fim de destacar o preconceito e a falta de conhecimento da mãe em relação ao filho. (N.E.)

– Entendo. Não há problemas – eu a tranquilizei. – A senhora pode deixar o Dibs lá e voltar ao final da sessão para buscá-lo. Ou, se preferir, pode mandar outra pessoa para buscá-lo.

– Obrigada – ela disse, e depois de outro longo intervalo acrescentou: – Agradeço sua compreensão.

Terminamos o chá e conversamos sobre assuntos superficiais. Dorothy foi mencionada apenas como uma estatística e descrita como "uma criança perfeita". Durante nossa conversa, a mãe de Dibs havia demonstrado mais medo, ansiedade e pânico do que Dibs demonstrara em sua primeira sessão. Não valia a pena tentar convencê-la a buscar ajuda para si mesma, pois era ameaçador e arriscado demais. Provavelmente, perderíamos Dibs se continuássemos insistindo nisso. Além disso, eu tinha uma forte intuição de que Dibs seria muito mais responsivo do que a mãe jamais poderia ser. Ainda que Dibs tivesse protestado sobre portas trancadas, algumas portas importantes da vida dela já tinham sido firmemente trancadas, e era quase tarde demais para protestar. Na verdade, naquele breve encontro, ela havia tentado desesperadamente trancar mais uma porta.

Eu me levantei para partir, e ela me acompanhou à porta.

– Tem certeza de que não preferiria atendê-lo no quarto de brinquedos dele? Ele tem tantos brinquedos bons. E nós compraríamos qualquer outra coisa que você quisesse. Qualquer coisa.

Ela estava realmente desesperada. Senti uma pontada de compaixão por ela. Agradeci-lhe pela oferta, mas de novo respondi que só poderia vê-lo na brinquedoteca do Child Guidance Center.

– Eu informarei assim que decidirmos – ela disse, acenando ligeiramente com o papel que tinha em mãos.

– Obrigada – respondi, e fui embora.

Descendo a rua em direção ao carro, senti o peso opressivo daquela família perturbada. Pensei em Dibs e em seu quarto belamente equipado. Eu não precisava entrar no quarto de brinquedos para ter certeza de que tudo o que o dinheiro pode comprar estava lá. Estava absolutamente segura de que havia uma porta sólida e perfeitamente polida e uma fechadura robusta que era fechada e firmemente trancada vezes demais.

Dibs em busca de si mesmo

Eu me perguntei o que ela seria capaz de acrescentar à história de Dibs, caso algum dia decidisse contar. Sem dúvida, não havia respostas fáceis que explicassem a dinâmica dos relacionamentos familiares. O que aquela mulher realmente pensava e sentia sobre Dibs e sobre o papel que ela própria desempenhava na vida do filho para ficar tão apavorada com a perspectiva de ser entrevistada e questionada sobre a situação?

Eu refletia se havia lidado com a situação do modo frutífero, ou se havia somente criado tanta pressão que a mãe de Dibs acabaria recuando do estudo. Tentei imaginar qual a decisão que ela e o marido poderiam tomar. Será que concordariam com o arranjo que discutimos? Será que eu veria Dibs outra vez? E, se isso acontecesse, o que poderia sair dessa experiência?

CAPÍTULO QUATRO

Passaram-se algumas semanas sem que eu ouvisse uma palavra da mãe de Dibs. Decidi telefonar para a escola e perguntar à diretora se havia alguma notícia dos pais. Ela respondeu que também não tinham recebido nenhuma informação. Perguntei como Dibs estava, e ela disse que ele estava frequentando a escola normalmente, que as coisas estavam mais ou menos como sempre, mas que estavam ansiosos para que as sessões de ludoterapia começassem logo.

Então, em uma certa manhã, recebi uma autorização assinada pelos pais, permitindo que eu registrasse as sessões de terapia com Dibs. Junto com a autorização, havia um bilhete curto afirmando a disposição deles em cooperar com o nosso estudo da criança e sugerindo que eu telefonasse para combinar os encontros semanais com Dibs.

Agendei a sessão para a tarde da quinta-feira seguinte, na brinquedoteca do Child Guidance Center. Pedi à minha secretária para telefonar à mãe de Dibs e perguntar se o horário era conveniente. Ela disse que o horário era satisfatório e que ela o levaria.

Muitos de nós respiramos aliviados com aquela autorização. Aparentemente, aquela família não tomava tais decisões de modo leviano. É difícil dizer ao certo o motivo da demora em seguir com as sessões de

DIBS EM BUSCA DE SI MESMO

ludoterapia. Talvez os pais estivessem muito preocupados com o impacto que as sessões poderiam causar na criança, ou talvez ponderavam sobre outras opções de tratamento. Podemos apenas imaginar a agitação e a apreensão pelas quais devem ter passado. E quanto a Dibs durante esse período de espera? Será que os pais tentaram avaliar os possíveis resultados de qualquer tentativa de avaliação das habilidades do menino? Provavelmente, eles haviam considerado todos os ângulos daquela decisão arriscada. Embora fosse tentador ligar para a mãe e incentivá-la a levar Dibs, ou perguntar se já tinham chegado a uma decisão, decidi não fazer isso porque senti que forçar uma decisão poderia resultar em mais perdas do que ganhos, caso ainda estivessem ponderando sobre o que fazer. Tinha sido uma espera longa e frustrante.

Dibs chegou ao Child Guidance Center pontualmente com a mãe, e ela informou à recepcionista que voltaria para buscá-lo dali a uma hora. Ele foi deixado na sala de espera, vestindo casaco, chapéu e galochas, e ficou parado exatamente onde a mãe o deixara. Fui ao encontro dele para cumprimentá-lo.

– Boa tarde, Dibs. Que bom ver você de novo. Vamos para a brinquedoteca que fica no fim deste corredor – eu disse a ele.

Em silêncio, Dibs pegou minha mão, e seguimos pelo corredor até a brinquedoteca.

– Esta é outra brinquedoteca. É parecida com aquela da sua escola onde eu vi você algumas semanas atrás – expliquei.

– Isso mesmo – ele disse, hesitante.

A brinquedoteca ficava no andar térreo, e a sala estava iluminada pela luz do sol, tornando o ambiente mais atrativo do que o outro. Ainda que os equipamentos fossem essencialmente os mesmos, havia uma notável diferença. As janelas davam para um estacionamento, e, além dele, uma grande igreja de pedras cinza podia ser vista.

Quando entramos, Dibs caminhou devagar ao redor da sala, tocando os materiais, nomeando os itens com a mesma entonação inquisitiva que usara na nossa primeira visita à outra brinquedoteca.

– Caixa de areia? Cavalete? Cadeira? Tinta? Carrinho? Boneca? Casa de boneca? – Todo item que tocava, ele nomeava dessa forma. Depois, ele variou um pouco. – Isso é um carrinho? Isso é um carrinho. Isso é areia? Isso é areia. Isso é tinta? Isso é tinta.

Depois que ele completou o primeiro circuito na sala, eu disse:

– Sim. Tem muitas coisas diferentes nesta sala, não tem? E você tocou e deu nome para a maioria delas. Muito bem.

– Isso mesmo – ele respondeu, suavemente.

Eu não queria apressá-lo. Queria dar a ele tempo para olhar ao redor e explorar. Toda criança precisa de tempo para explorar o mundo do próprio jeito. Ele parou no centro da sala.

– Então, Dibs, você quer tirar o boné e o casaco? – perguntei depois de algum tempo.

– Isso mesmo. Você tira o chapéu e o casaco, Dibs. Você tira seu chapéu. Você tira seu casaco, Dibs – ele disse, mas não fez nenhum gesto para executar.

– Então você quer tirar o casaco e o chapéu? Muito bem, Dibs. Vá em frente, pode tirar.

– Tirar luvas e galochas também – ele disse.

– Muito bem – respondi. – Tire as luvas e galochas também, se quiser.

– Isso mesmo – ele disse, quase em um sussurro. Permaneceu parado ali, puxando, à toa e inquieto, as mangas do casaco. Começou a choramingar e ficou parado à minha frente, de cabeça baixa, choramingando.

– Você quer que eu o ajude a tirar o casaco e o chapéu? É isso?

– Isso mesmo – ele disse, e havia choro em sua voz quando respondeu.

Sentei-me em uma cadeirinha e continuei:

– Tudo bem, Dibs. Se você quer que eu o ajude, venha até aqui e eu ajudo. – Fiz isso com intenção de incentivá-lo a dar alguns passos sozinho para obter minha ajuda.

Ele caminhou vacilante na minha direção.

– Galochas também – ele disse, com a voz rouca.

– Tudo bem. Vamos tirar as galochas também.

– E luvas – ele disse, estendendo as mãos.

– Claro, vamos tirar as luvas também – respondi, ajudando a retirá-las. Com cuidado, ajudei Dibs a tirar o chapéu, o casaco e as galochas. Coloquei as luvas em seu bolso e entreguei a ele o casaco e o chapéu. No entanto, ele os deixou cair no chão. Eu os recolhi e pendurei na maçaneta.

– Vamos deixar aqui até a hora de ir embora. Temos uma hora para passar juntos nesta sala, e depois será hora de você voltar para casa – expliquei a Dibs.

Ele não respondeu. Em vez disso, foi até o cavalete e ficou observando as tintas por um bom tempo. Depois, começou a nomear as cores no cavalete e lentamente as rearranjou. Ele posicionou o vermelho, o amarelo e o azul no suporte do cavalete, com todo o cuidado, afastando-os e acrescentando as três cores secundárias nos intervalos adequados para obter o espectro completo das seis cores básicas. Em seguida, inseriu as cores terciárias nos lugares corretos, acrescentou o preto e o branco e organizou todas as cores conforme a escala cromática na extremidade do suporte. Ele realizou tudo isso em silêncio, de forma lenta e cuidadosa.

Quando ele terminou de organizar as cores, pegou um dos potes de tinta e o examinou minuciosamente. Olhou dentro dele, mexeu a tinta com o pincel que estava no pote, suspendeu-o contra a luz e deslizou os dedos bem devagar sobre o rótulo.

– Tintas Favor Ruhl – ele disse. – Vermelho. Tintas Favor Ruhl. Amarelo. Tintas Favor Ruhl. Azul. Tintas Favor Ruhl. Preto.

Aquela era a resposta parcial para uma pergunta. Ele estava claramente lendo os rótulos nos potes de tinta. E, de fato, aquelas eram tintas da marca Favor Ruhl, e as cores foram corretamente ordenadas e nomeadas.

– Bem – eu disse. – Então você consegue ler os rótulos nos potes de tinta e sabe todos os nomes das cores.

– Isso mesmo – ele disse, hesitante.

Então ele se sentou à mesa e pegou a caixa de lápis de cor. Leu o nome na caixa e depois pegou o lápis vermelho e escreveu "VERMELHO" em letras de forma caprichada. Ele fez o mesmo com todas as outras cores e as usou na mesma ordem da escala cromática, em um círculo. Ele soletrava nomeando cada letra enquanto a escrevia.

Eu o observei enquanto ele trabalhava e tentei reconhecer verbalmente o esforço dele para se comunicar comigo naquela atividade.

– Então você vai soletrar os nomes de todas as cores e escrever os nomes na mesma cor. É isso? Entendi. V-E-R-M-E-L-H-O forma "vermelho", não é?

– Isso mesmo – ele respondeu, devagar e vacilante.

– E você está fazendo um disco de cores, não está?

– Isso mesmo – ele murmurou.

Ele pegou a caixa de aquarelas e leu o nome da empresa na caixa. Em seguida, com uma sequência deliberada e rígida, fez pequenas manchas coloridas em uma folha de papel de desenho.

Tentei manter meus comentários alinhados à atividade dele, evitando dizer qualquer coisa que pudesse indicar um desejo meu de que ele fizesse algo específico. Em vez disso, eu buscava transmitir compreensão e reconhecimento em conformidade com o contexto de referência dele. Eu queria que ele liderasse o caminho e que soubesse que ditaria o ritmo naquela sala, com base em uma realidade concreta de uma experiência compartilhada entre nós dois. Eu não queria exagerar ou festejar a habilidade dele em fazer todas aquelas coisas. Obviamente, ele conseguia fazê-las. Quando a iniciativa é deixada para o indivíduo, ele escolhe a base sobre a qual sente a maior segurança. Qualquer exclamação de surpresa ou elogio poderia ser interpretada por Dibs como a direção que ele deveria seguir, e isso poderia fechar outras áreas de exploração que poderiam ser muito mais importantes para ele. Todas as pessoas agem com cautela para proteger a integridade de suas personalidades. Nós estávamos nos conhecendo, e, por enquanto, essas *coisas* que Dibs mencionava eram os únicos ingredientes para a comunicação entre nós. Para Dibs, aqueles eram conceitos seguros.

Vez por outra ele olhava para mim, mas, quando nossos olhares se encontravam, ele rapidamente desviava o seu.

Certamente, as atividades iniciais de Dibs foram uma revelação. Hedda tinha boas razões para ter fé nele, pois ele estava não apenas prestes a emergir, mas de fato emergindo. Seus problemas, fossem quais fossem, descartariam o rótulo de atraso de desenvolvimento.

Em seguida, Dibs entrou na caixa de areia e enfileirou os soldadinhos de dois em dois. A areia começou entrar em seus sapatos, e ele olhou para mim, apontando para os sapatos, e choramingou.

– O que foi? – perguntei. – A areia está entrando nos seus sapatos? Ele assentiu.

– Se você quiser tirar os sapatos, pode tirar – eu disse.

– Isso mesmo – ele respondeu, rouco. Mas não se descalçou. Em vez disso, continuou sentado ali, de cabeça baixa, olhando para os sapatos, choramingando. Aguardei e, por fim, ele falou.

– Você tira os sapatos – ele disse, falando com grande esforço.

– Você quer tirar, mas quer que eu ajude – respondi. – É isso?

Ele assentiu. Prestei a ajuda solicitada, desfiz os laços do cadarço e tirei os sapatos dele. Cauteloso, ele tocou a areia com os pés e em poucos minutos estava pronto para sair.

Dibs andou até a mesa e olhou para os blocos. Então, de forma lenta e bem cuidadosa, começou a colocá-los um por cima do outro. A pilha de blocos oscilou e tombou, ele entrelaçou as mãos e olhou para mim.

– Senhorita A! – ele gritou, dando-me o nome que usou dali em diante para se dirigir a mim. – Me ajuda, rápido.

– Você gosta mesmo de ter a minha ajuda, não gosta? – eu comentei.

– Isso mesmo – ele disse, e lançou mais um breve olhar na minha direção.

– Bem, o que você quer que eu faça, Dibs? Me diga.

Ele ficou de pé ao lado da mesa, de cabeça baixa, olhando para os blocos, as mãos ainda apertadas firmemente contra o peito.

Dibs ficou calado. Eu também.

No que estaria pensando? O que estaria buscando? O que seria mais útil para ele agora? Eu queria transmitir uma tentativa honesta de compreendê-lo. Eu não sabia o que estava realmente procurando. Ele provavelmente também não sabia, naquele estágio do desenvolvimento da nossa relação. Certamente, não era adequado vasculhar seu mundo particular e tentar arrancar respostas. Se eu conseguisse transmitir a Dibs minha confiança nele como uma pessoa que tinha boas razões para tudo o que fazia, se eu conseguisse deixar claro que não existiam respostas secretas que ele deveria adivinhar, nenhum padrão misterioso de comportamento ou de fala que não fosse abertamente declarado, nenhuma pressão para que ele lesse a minha mente e viesse com uma solução sobre a qual eu já tinha decidido, nenhuma pressa de fazer tudo naquele dia – então, talvez, Dibs teria cada vez mais uma sensação de segurança e de acerto das próprias reações, e conseguiria esclarecê-las, entendê-las e aceitá-las. Isso exigiria tempo, um empenho verdadeiro e muita paciência de nós dois. E precisaria ser, constante e fundamentalmente, honesto.

De repente ele esticou os braços, com um bloco em cada mão, e os bateu um contra o outro.

– Uma demolição – ele disse.

– Ah, isso foi uma demolição?

– Isso mesmo – ele respondeu. – Uma demolição.

Um caminhão entrou no estacionamento e parou ao lado da janela aberta. Dibs foi até a janela e começou a fechá-la. Já estava muito quente na sala com a janela aberta, mas ele girou a manivela para fechar.

– Fechar a janela – ele disse.

– Você quer fechar a janela? – perguntei. – Mas está muito quente aqui hoje, com a janela aberta.

– Isso mesmo – Dibs respondeu. – Vai fechar a janela, Dibs.

– Ah, você quer fechar mesmo assim.

– Isso mesmo. Dibs fecha a janela! – ele falou com firmeza.

– Você sabe mesmo o que quer, não é? – eu comentei.

Ele desajeitadamente limpou o rosto molhado de lágrimas. Teria sido fácil abraçá-lo e oferecer consolo, prolongar a sessão, tentar dar a ele uma demonstração de afeto e simpatia. Mas qual seria o benefício de acrescentar mais problemas emocionais à vida daquela criança? Ele *precisava* voltar para casa, independentemente de como se sentisse a respeito. Evitar enfrentar esse fato da realidade não o ajudaria. Dibs precisava desenvolver força para lidar com o próprio mundo, mas essa força tinha de vir de dentro dele, e ele tinha de vivenciar pessoalmente a sua habilidade de enfrentar o seu mundo tal qual ele era. Qualquer mudança significativa em Dibs teria de vir de dentro dele. Não podíamos ter esperança de mudar o mundo externo.

Finalmente, ele estava vestido para ir embora. Ele pegou minha mão e caminhou comigo pelo corredor até a recepção. Sua mãe estava lá, esperando, e se assemelhava bastante a Dibs: desconfortável, incomodada, não muito segura da situação. Quando Dibs a viu, jogou-se no chão com o rosto para baixo, chutando e gritando em protesto. Eu me despedi dele, disse à mãe que o veria na semana seguinte e os deixei. Houve uma confusão na sala de espera enquanto a mãe tentava fazê-lo sair. Ela ficou constrangida e irritada com o comportamento dele.

Eu não fiquei feliz com esse desdobramento, mas não soube o que fazer, além de deixá-los ali para que resolvessem a situação do próprio jeito. Pareceu-me que, se eu ficasse, observasse ou interferisse, isso iria apenas confundir e complicar as coisas. Eu não queria demonstrar estar me aliando a favor de Dibs ou da mãe, nem contra nenhum dos dois. Eu não queria fazer nada que pudesse implicar em uma crítica ao comportamento deles, nem parecer estar apoiando ou rechaçando a mãe ou a criança. Assim, pareceu-me que sair de cena sem me envolver pessoalmente seria o melhor procedimento.

CAPÍTULO CINCO

Na semana seguinte, Dibs voltou ao Child Guidance Center no horário marcado. Eu estava em meu escritório quando a recepcionista tocou a campainha anunciando a chegada dele. Fui imediatamente à recepção, e lá estava Dibs, parado logo depois da porta. Sua mãe o acompanhara até a sala de espera, conversara brevemente com a recepcionista e partira.

– Boa tarde, Dibs – eu disse, andando em sua direção. Mas ele não respondeu, permanecendo imóvel, olhando para baixo. – Vamos voltar para a brinquedoteca – eu disse, estendendo a mão para ele.

Ele pegou minha mão, e seguimos para a sala de brinquedos. Fiquei de lado para dar passagem a Dibs. Ele começou a entrar, mas de repente voltou e agarrou a borda da porta. Havia uma placa de duas faces na porta. Dibs a apanhou e retirou o cartão da moldura.

– Não perturbe – ele leu. Virou o cartão e olhou para as palavras do lado oposto. – Ludo – ele leu. Bateu os dedos várias vezes na segunda parte da palavra. Era um vocábulo novo para ele. "Terapia". Ele a examinou cuidadosamente. – Te-ra-pi-a – ele disse.

– Se diz *terapia* – eu disse, dando a ele a pronúncia correta.

– Sala de ludoterapia?

– Sim – respondi.

DIBS EM BUSCA DE SI MESMO

– Sala de ludoterapia – ele repetiu, então entrou na brinquedoteca e fechou a porta atrás de nós. – Você vai tirar o chapéu e o casaco – ele disse.

Eu olhei para ele. Sabia que estava se referindo a si mesmo, mas usando o pronome pessoal da segunda pessoa. Dibs raramente falava de si mesmo usando o pronome "eu".

– Você quer que eu tire o *meu* chapéu e o *meu* casaco?

– Isso mesmo – ele disse.

– Mas *eu* não estou de chapéu e casaco – respondi. Dibs me olhou.

– Você vai tirar o chapéu e o casaco – ele disse, puxando o casaco.

– Você quer que eu ajude você a tirar o chapéu e o casaco? É isso? – eu lhe perguntei, esperando ter atraído sua atenção para o pronome *eu*, mas era um problema confuso e complicado.

– Isso mesmo – Dibs disse.

– Eu vou ajudar você, sim – disse a ele. E o ajudei, com mais ajuda da parte dele desta vez. Estendi o chapéu e o casaco na direção dele, depois de os haver tirado.

Ele olhou para mim, pegou o casaco e o chapéu e andou até a porta com eles.

– Você vai pendurar os dois aqui – ele disse, colocando o casaco e o chapéu na maçaneta.

– Eu os pendurei na semana passada – eu disse. – Você vai pendurá--los hoje.

– Isso mesmo.

Ele se sentou na borda da caixa de areia e de novo agrupou os soldadinhos em pares e os enfileirou. Depois, foi até a casa de bonecas e rearranjou os móveis internos.

– Onde está a porta? Onde está a porta? – ele perguntou, apontando para a parte frontal aberta da casa de bonecas.

– Acho que está ali dentro do armário – respondi.

Dibs foi até o armário e tirou o painel frontal da casa de bonecas. Ao andar em volta da casa de bonecas, ele atingiu a parede da frente, e uma das divisórias caiu. Ele a endireitou e encaixou na ranhura correta. Depois tentou encaixar o painel frontal, no qual estavam pintadas a porta e as janelas. Foi difícil. Ele tentou diversas vezes e a cada uma falhou na tentativa de engatar os ganchos. Ele choramingou.

– Tranca – ele murmurou. – Tranca.

– Você quer a casa trancada? – perguntei.

– Tranca – ele respondeu, e tentou de novo. Dessa vez, conseguiu. – Pronto – ele anunciou. – Bem trancada.

– Estou vendo. Você encaixou e trancou – eu disse.

Dibs olhou para mim. Ele me deu um sorriso curto, fugidio.

– *Eu* que fiz – ele disse, gaguejando.

– Foi você mesmo, muito bom. E fez sozinho – comentei.

Ele sorriu, parecendo muito satisfeito consigo. Ele montou a casa de bonecas até a parte de trás e fechou todas as cortinas das janelas.

– Tudo fechado – ele disse. – Tudo trancado e fechado. Tudo fechado e trancado.

– Sim, vejo que estão fechadas – respondi.

Ele se agachou, apoiado nas mãos e nos joelhos, e olhou a parte de baixo da casa. Havia duas portas com dobradiças nessa parte. Ele abriu as duas.

– Lá – ele disse – aquele é o porão. Tira para fora. Paredes, mais paredes, mais paredes.

Havia paredes sem portas que estavam guardadas no fundo, além de divisórias e mais móveis da casa de bonecas.

– Faz uma maçaneta – ele disse. Esticou-se, apanhou meu lápis e com todo o capricho desenhou uma maçaneta na porta da casa de bonecas.

– Você acha que precisa haver uma maçaneta na porta? – perguntei.

– Isso mesmo – ele murmurou. Depois, desenhou uma fechadura na porta. – Agora tem tranca também.

– Sim, estou vendo. Você pôs uma maçaneta e uma tranca na porta.

– Uma tranca que tranca bem trancado com uma chave – ele disse. – E paredes altas e bem duras. E uma porta. Uma porta trancada.

– Entendo – comentei.

Conforme Dibs tocou a casa, ela balançou um pouco. Ele a examinou, pegou uma das divisórias e tentou encaixar sob o canto da casa, fazendo

DIBS EM BUSCA DE SI MESMO

um calço. Depois de tentar enfiar a divisória sob dois cantos, ele a empurrou sob o terceiro canto, e a casa já não balançava.

– Pronto – ele disse. – Não balança mais. Não treme nem balança, agora.

Ele ergueu uma parte do telhado articulado e moveu alguns móveis, mas a divisória acabou saindo do lugar, e a casa voltou a oscilar. Dibs se afastou e a observou.

– Senhorita A, põe rodas nela, assim não vai mais balançar nem tremer – ele sugeriu.

– Você acha que isso vai resolver o problema?

– Vai. Vai, com certeza.

Ficou evidente que Dibs possuía diversas palavras em seu vocabulário que não utilizava. Ele era capaz de observar e definir problemas, além de encontrar solução para eles. Mas por que teria desenhado uma fechadura na porta da casa de bonecas? Era evidente como as portas trancadas haviam deixado marcas profundas em sua vida.

Ele foi até a caixa de areia e entrou. Pegou alguns soldadinhos que estavam espalhados por todos os cantos da areia, examinando cada um conforme o pegava.

– Dibs ganhou alguns soldadinhos como este no Natal – ele disse, gesticulando com o soldado na minha direção.

– Você ganhou alguns soldadinhos como este de Natal? – repeti.

– Ganhei. Exatamente como esses – ele respondeu. – Bom, não exatamente iguais, mas do mesmo tipo. De Natal. Esses têm armas nas mãos, olhe aqui. Elas atiram. Armas, armas de verdade que atiram. Este carrega a arma em cima do ombro, e este está com a arma em posição de tiro. Olhe, aqui tem quatro que são muito parecidos e aqui tem outros quatro. Aqui tem três com as armas apontadas desse jeito, e aqui tem mais um assim. Quatro e quatro são oito, e se põe três e mais um dá doze.

– Entendo – eu disse, observando enquanto ele agrupava os soldados. – Você consegue somar os grupos de soldados e chegar à resposta certa.

– Isso mesmo – Dibs falou. Depois, hesitando, acrescentou: – Eu... Eu... *Eu* consigo.

– Sim, Dibs, você consegue – falei.

– Esses dois homens estão com bandeiras – ele disse, apontando para outros dois bonecos. Ele os enfileirou ao longo da borda da caixa de areia.

– Todos esses têm armas, estão atirando. Mas estão de costas para esse lado – acrescentou.

– Você quer dizer que todos eles estão atirando na mesma direção? – perguntei, apontando vagamente na direção dos soldadinhos.

Dibs olhou para mim. Olhou para os soldados. Baixou a cabeça.

– Eles não estão atirando *em você* – ele disse, asperamente.

– Entendo. Eles não estão atirando em mim.

– Isso mesmo – ele disse.

Ele mergulhou a mão na areia e encontrou mais soldados de brinquedo. Ele os tirou da areia e alinhou. Em seguida, enfiou os pés calçados na areia.

– Tire os sapatos – ele disse, de repente.

Ele desatou os cadarços e removeu os sapatos. Depois, rearranjou os soldados.

– Pronto – ele disse. – Eles estão todos enfileirados juntos. Todos juntos.

Ele escolheu três soldados e os alinhou em uma fila. Cuidadosamente e de forma deliberada, ele afundou cada um na areia. Porém, o terceiro não foi fundo o suficiente para satisfazê-lo. Ele o extraiu e o empurrou profundamente, pegou um punhado de areia e despejou por cima dos soldados enterrados.

– Ele se foi! – Dibs anunciou.

– Você conseguiu se livrar dele, não foi? – perguntei.

– Isso mesmo – Dibs disse. Ele encheu um balde com areia e derramou o conteúdo todo nos soldados enterrados.

Os sinos da igreja do lado oposto do estacionamento começaram a bater as horas. Dibs interrompeu sua atividade.

– Escute – ele disse. – Um. Dois. Três. Quatro. São quatro horas.

– Isso mesmo, são quatro horas. Logo será hora de você ir para casa.

Dibs ignorou meu comentário, saiu da caixa de areia e foi depressa até a mesa. Olhou para os potes de tinta para pintura com os dedos.

– O que é isso? – ele perguntou.

– Tinta de dedo.

– Tinta de dedo? Como?

Mostrei a ele como usar a tinta de dedo.

– Primeiro, molhe o papel. Depois, ponha um pouco de tinta no papel. Depois, espalhe a tinta com os dedos ou com as mãos, assim! Use de qualquer jeito que quiser, Dibs.

Ele escutou. Ele prestou atenção à curta demonstração.

– Tinta de dedo? – ele perguntou.

– Isso. Tinta de dedo.

Ele mergulhou um dedo muito hesitante no pote de tinta vermelha.

– Espalhar e mexer – ele disse, mas não suportou o contato com a tinta. Suas mãos pairaram em círculos logo acima do papel úmido. Então ele pegou uma espátula de madeira, mergulhou-a na tinta e espalhou no papel.

– Acho que isso é tinta de dedo – ele disse. – É. Você falou que é tinta de dedo. Espalhe com os dedos. – Mais uma vez ele tocou a tinta com os dedos. – Ah, enxugue isso – ele disse.

Eu lhe entreguei uma toalha de papel. Ele limpou a tinta.

– Você não gosta de ter tinta nas mãos?

– É tinta suja – ele disse. – Suja e peguenta.

Ele apanhou o pote e leu o rótulo.

– Esta é a tinta de dedo vermelha – ele anunciou. – Vermelha. – Ele pousou o pote na mesa, abriu as mãos e circulou as palmas por cima da tinta e do papel, bem perto, mas sem encostar. Depressa, tocou a tinta com a ponta dos dedos.

– Espalhe – ele disse. – Pegue a tinta vermelha, Dibs, espalhe. Espalhe em um dedo, dois dedos, três dedos. Primeiro o vermelho. Depois o amarelo. Depois o azul. Ponha em ordem.

– Você gostaria de tentar? – perguntei a ele.

– Esses todos são sinais do que isso diz que é – Dibs falou, olhando para mim e depois apontando para os rótulos.

– Sim. Essas são as instruções.

Ele mergulhou os dedos na tinta outra vez.

– Ah, tire – ele disse, e em seguida pegou outra toalha de papel e limpou a tinta vigorosamente.

– Você meio que gosta de fazer isso, mas por outro lado não gosta – comentei.

– Mas os lápis de cor são diferentes – disse Dibs. – A American Crayon Company fabrica esses. E essa é a tinta Shaw Finger. As aquarelas são feitas pela Prang.

– Sim – disse.

– Essas são tintas de dedo – Dibs disse. Mergulhou os dedos na tinta amarela e lentamente espalhou-a por cada um dos dedos. Em seguida, limpou-os com toalhas de papel. Depois, enfiou os dedos na tinta azul, colocou a mão no papel e se curvou, muito absorto no que estava fazendo. Ele espalhou a tinta cuidadosamente sobre cada dedo.

– Pronto – ele disse, triunfal, esticando as mãos. – Olhe.

– Desta vez você fez mesmo, não foi? – observei.

– Olhe – ele disse. – Dedos todos cheios de tinta azul. – Ele olhou para as mãos. – Dedos todos azuis agora. E agora estão todos verdes – ele disse, quando mudou a cor. – Primeiro, pintei os dedos de vermelho. Depois de amarelo. Depois azul. Depois verde. E depois marrom. Pus em cada dedo, enxuguei e limpei cada cor para colocar outra. Então, isso é tinta de dedo! Ah, Dibs, vamos embora. Esse é um tipo muito bobo de pintura. Vamos embora.

Ele limpou a tinta dos dedos e jogou as toalhas de papel na lixeira. Sacudiu a cabeça, repugnado.

– Pintar com o dedo – ele disse. – Isso não me interessa. Eu vou pintar um quadro.

– Acha que preferiria pintar um quadro?

– Acho – ele respondeu. – Com a aquarela.

– Só temos mais cinco minutos. Você acha que consegue pintar um quadro em cinco minutos?

– Dibs vai pintar – ele anunciou. Ele pegou a caixa de tintas. – Onde tem água?

Eu apontei para a pia. Ele encheu uma vasilha de tinta com água.

– Você tem tempo para pintar só esse quadro – eu disse. – Depois, será hora de ir embora.

Foi uma declaração arriscada. Ele poderia estender tanto quanto quisesse o período para pintar um único quadro, já que o limite de tempo, pelas minhas palavras, havia se tornado flexível. Uma vez que eu queria dizer "mais cinco minutos", eu deveria ter me atido a esse limite, e não complicado a situação introduzindo um segundo elemento. No entanto, Dibs ignorou meu aviso.

– A pintura corre – ele disse. – Eu vou enxugar com toalha de papel. Assim vai secar. Isso vai ser um quadro.

Com golpes rápidos e habilidosos, ele começou com a tinta vermelha e fez no papel o que, à primeira vista, pareciam ser várias gotas de cor, posicionando-as em vários pontos do papel e acrescentando cada uma na mesma sequência do disco de cores. Conforme acrescentava mais cores, a imagem ia surgindo. Quando terminou, havia pintado um quadro de uma casa, uma árvore, céu, grama, flores e o sol. Todas as cores foram usadas. Havia na pintura concluída relações, formas e significado.

– Essa é... Essa é... – Ele gaguejava e se atrapalhava com o pincel, estava de cabeça baixa e parecia subitamente muito tímido. – Essa é a casa da senhorita A – ele disse. – Senhorita A, eu vou lhe dar essa casa.

– Você quer me dar a casa, é? – eu disse, gesticulando na direção da pintura. Ele assentiu. O objetivo da minha resposta, mais do que uma expressão de agradecimento e elogio, era manter a comunicação aberta e reduzir sua velocidade. Assim, se ele quisesse, poderia acrescentar mais pensamentos e sentimentos, sem que fosse interrompido pela minha reação e meu envolvimento ou por padrões de comportamento.

Com um lápis, Dibs desenhou meticulosamente uma fechadura na porta. Desenhou umas janelas pequenas, gradeadas, na parte mais inferior da casa. Havia uma grande janela, que ele pintou de amarelo brilhante. Pintou nessa janela um vaso de flores vermelhas. Era uma criação artística bastante surpreendente, e tinha sido executada de forma muito singular.

Então, Dibs olhou para mim, com seus olhos azuis brilhando e uma expressão de infelicidade e medo. Ele apontou para a porta da pintura.

– Tem uma fechadura nela. Tranca bem trancada com chave. Tem um porão que é escuro.

Olhei para o desenho, depois olhei para ele.

– Estou vendo. Esta casa também tem uma fechadura e um porão escuro.

Ele fitou a casa e tocou a fechadura da porta. Olhou para mim.

– Esta casa é para você – ele disse, retorcendo os dedos. – Esta é a sua casa, agora – ele completou, respirou profundamente e acrescentou, com grande esforço: – Esta casa tem uma brinquedoteca também. – Ele apontou para a janela amarelo brilhante e para as flores vermelhas no vaso dessa janela.

– Ah, sim, estou vendo. Essa é a janela da brinquedoteca, não é?

Dibs assentiu.

– Isso mesmo.

Ele andou até a pia e esvaziou a vasilha. Abriu a torneira na vazão máxima. Os sinos da igreja começaram a tocar de novo.

– Ouça, Dibs. Agora é hora de ir. Está ouvindo o sino?

Dibs ignorou meu comentário.

– O marrom faz a água ficar marrom e a tinta laranja faz a água ficar laranja – ele disse.

– Fazem mesmo – respondi. Eu sabia que ele ouvira meu alerta sobre o horário. Eu não pretendia agir como se pensasse que ele não havia me escutado.

– Isso é água Q-U-E-N-T-E. Quente – ele disse. – E água F-R-I-A. Fria. Quente. Fria. Abre. Fecha. Abre. Fecha.

– Você agora acha a água quente e a água fria interessantes também?

– Isso mesmo.

– Mas o que eu falei sobre nosso horário, Dibs?

Ele retorceu as mãos e se virou de frente para mim, parecendo miserável e infeliz.

– A senhorita A falou que pinta um quadro de uma casa e depois vai – ele disse, rouco.

Notei como a linguagem dele se tornara confusa. Lá estava uma criança muito capaz de façanhas intelectuais imensas, cujas habilidades eram dominadas por suas perturbações emocionais.

DIBS EM BUSCA DE SI MESMO

– Foi isso que eu disse, Dibs – respondi tranquilamente. – E você já terminou de pintar o desenho. É hora de ir embora.

– Eu preciso de mais grama aqui e de umas flores – ele disse, de repente.

– Infelizmente, não há mais tempo para isso. Nosso horário acabou por hoje.

Dibs foi até a casa de bonecas.

– Eu preciso consertar a casa. Tenho que trancar – ele disse.

– Parece que você está procurando coisas para fazer para não ter que ir para casa, não é? Mas o nosso horário acabou agora, Dibs, e você precisa ir para casa agora.

– Não. Espere. Espere – Dibs gritou.

– Eu sei que é difícil para você, Dibs, mas o nosso horário acabou por hoje.

– Não ir agora – ele soluçava. – Não ir agora. Não ir nunca.

– Você fica triste quando eu digo que precisa ir, não é? Mas você pode voltar na próxima semana. Na próxima quinta-feira.

Dibs pegou o chapéu, o casaco e as galochas. Sentou-se na cadeirinha perto da mesa. Ele me fitou com os olhos marejados, enquanto eu punha o chapéu em sua cabeça.

De repente, ele se animou.

– Sexta? Voltar na sexta?

– Você vai voltar na próxima quinta. Porque quinta-feira é o dia em que você vem à brinquedoteca – eu disse a ele.

Ele subitamente se pôs de pé.

– Não! – ele gritou. – Dibs não sai daqui. Dibs não ir pra casa. Não nunca!

– Eu sei que você não quer ir, Dibs. Mas você e eu temos só uma hora por semana para passar juntos aqui nesta brinquedoteca. E, quando essa hora chega ao fim, não importa o que você sente, não importa o que eu sinto, não importa o que ninguém sente, está acabado pelo dia, e nós dois temos que sair da brinquedoteca. *Agora* é hora de nós irmos. Na verdade, já passou um pouquinho da hora.

– Não pode pintar outro desenho? – Dibs me perguntou, as lágrimas escorrendo pelas bochechas.

– Hoje não – eu lhe disse.

– Um desenho pra você? Só mais um desenho que eu pinto só pra você?

– Não. Nosso horário acabou por hoje.

Ele estava de pé à minha frente. Eu lhe estendi o casaco.

– Vamos, Dibs. Ponha os braços nas mangas do casaco. – Ele pôs. – Agora, sente-se para que eu calce suas galochas.

Ele se sentou murmurando:

– Não ir pra casa. Não quer ir pra casa. Não *sente* vontade de ir pra casa.

– Eu sei como você se *sente* – eu lhe disse.

Uma criança extrai seu senso de segurança a partir de limites previsíveis, consistentes e realistas. Minha esperança era ter ajudado Dibs a diferenciar seus *sentimentos* de suas ações. Ele parecia ter conquistado um pouco disso. Também esperava ter comunicado a ele o fato de que aquela uma hora era apenas uma parte de sua existência, que não poderia e não deveria ter preponderância sobre todos os outros relacionamentos e experiências, e que o período entre as sessões semanais também era importante. O valor de qualquer experiência terapêutica bem-sucedida, na minha opinião, depende do equilíbrio que se mantém entre o que o indivíduo traz para as sessões e o que leva delas. Se a terapia se torna a influência predominante e controladora da vida diária do indivíduo, então tenho sérias dúvidas quanto à sua eficácia. Eu queria que Dibs sentisse que tinha a responsabilidade de levar embora com ele uma habilidade crescente para assumir responsabilidade por si mesmo, e assim ganhasse independência psicológica.

Enquanto lhe calçava as galochas, olhei para ele. Ele tinha esticado o braço por cima da mesa e apanhado a mamadeira de água. Ele a sugava como se fosse um bebezinho. Por fim, as galochas estavam calçadas.

– Pronto, agora – eu disse. – Estão colocadas.

– Pôr tampa nos potes? – ele perguntou, fazendo mais uma tentativa.

– Agora não.

– Vão secar?

– Se ficassem destampados, secariam. Eu vou tampar mais tarde.

– Colocar tampa nas tintas de dedo?

– Sim, isso será feito também.

– Limpar os pincéis?

– Sim.

Dibs soltou um suspiro profundo. Aparentemente, havia esgotado seus recursos. Ele se levantou e caminhou em direção à porta. Logo após passar por ela, ele parou abruptamente e pegou a placa da porta, que dizia *Não perturbe,* e a virou para o lado que dizia *Sala de ludoterapia.* Ele acariciou a porta suavemente.

– Nossa brinquedoteca – ele disse.

Dibs percorreu o corredor até a recepção e saiu, com a mãe pasma, sem protestos.

CAPÍTULO SEIS

Quando Dibs entrou na brinquedoteca na quinta-feira seguinte, foi direto para a mesa e começou a examinar os potes de tinta de dedo. Ele pegou cada pote, conferiu se as tampas estavam bem fechadas e os devolveu na caixa estreita e comprida.

– As tampas estão no lugar – ele comentou.

– Sim, eu me lembrei de colocar – respondi.

– Estou vendo – Dibs observou. Ele pegou a mamadeira.

– Quero mamar – ele disse.

Ficou ali sugando o bico, olhando para mim. Depois pousou a mamadeira na mesa.

– Tirar a roupa – ele disse. Desabotoou o casaco, tirou-o sem ajuda, e o pendurou na maçaneta. Tirou o chapéu e o pôs na cadeira ao lado da porta.

Ele foi até a casa de bonecas e abriu todas as janelas.

– Olhe – ele disse. – Todas as janelas estão abertas. Agora, eu vou fechar todas elas. – Ele pegou a frente da casa, mudou de ideia de repente, deixou cair no chão, retornou à mesa e apanhou a mamadeira.

– Vou mamar na mamadeira – ele anunciou.

– Você gosta de mamar na mamadeira? – eu perguntei, de novo mais para manter aberto o canal de comunicação do que para acrescentar qualquer esclarecimento à conversa.

DIBS EM BUSCA DE SI MESMO

– Isso mesmo – ele disse, e mamou em silêncio por um longo intervalo, observando-me o tempo todo. Então pousou a mamadeira, andou até o armário, abriu as portas e espiou lá dentro.

Ele tirou a caixa vazia onde antes estavam alguns dos bloquinhos de montar.

– Os Blocos Cúbicos de Contagem ficam aqui – ele disse. Ele encaixou vários blocos dentro da caixa. – Está vendo? Esta é a caixa. Isso é o que ela diz que eles são. – Ele apontou para o nome na tampa.

– Sim, eu sei – comentei.

Eu estava interessada na maneira como Dibs demonstrava sua habilidade para ler, contar e resolver problemas. Parecia que, sempre que ele se aproximava de qualquer tipo de referência emocional, ele recuava para uma demonstração de sua habilidade de leitura. Talvez ele se sentisse mais seguro ao manipular conceitos intelectuais sobre *coisas*, em vez de mergulhar com mais profundidade em sentimentos sobre si mesmo, que ele não conseguia aceitar com facilidade. Talvez aquilo fosse um pequeno fragmento de evidência de algum conflito que ele tinha entre as expectativas sobre seu comportamento e sua luta para ser ele mesmo – às vezes muito capaz, às vezes um bebê. Ele havia recuado assim em diversas ocasiões, na brinquedoteca. Talvez ele sentisse que habilidades intelectuais eram sua única parte valorizada por terceiros. Por que, então, ele havia se esforçado tão vigorosamente para esconder suas capacidades na escola e em casa? Poderia ser que ele desejasse, acima de todas as coisas, ser uma pessoa por seus próprios méritos, respeitada e amada por *todas* as suas qualidades? Como uma criança teria conseguido esconder tão bem essa riqueza de recursos intelectuais, que estava tão perto da superfície de seu comportamento externo resistente? Como ele teria aprendido essa habilidade? Ele lia muito além da média de sua idade. Como havia conquistado isso, sem antes demonstrar evidências de uma linguagem verbal significativa? A astúcia e a força dessa criança eram incríveis. Como ele teria conseguido ocultar essa habilidade da família, caso tivesse realmente feito isso?

Seria extremamente interessante ser capaz de completar essas lacunas em nossa compreensão; mas havíamos feito um acordo, a mãe dele e eu, sobre não haver questionamentos. Eu podia apenas torcer para que ela, algum dia, se sentisse autoconfiante o suficiente para compartilhar comigo o que sabia sobre o desenvolvimento de Dibs. Além disso, era evidente que a conquista intelectual, sem a correspondente maturidade emocional e social, não era o suficiente. Seria essa a razão para a insatisfação da família com relação a Dibs? Ou será que a mãe se sentia desconfortável e com medo dele porque não conseguia compreendê-lo?

Com toda a probabilidade, havia numerosas e muito complicadas razões pelas quais o relacionamento entre Dibs e a família era tão deficiente. Seria muito útil conhecer mais respostas para algumas das perguntas que rodavam na minha cabeça enquanto eu observava Dibs flutuar entre mamar na mamadeira, seu comportamento infantil, e sua demonstração intelectual precisa, quase compulsiva.

Dibs estava sentado na cadeira, sugando a mamadeira com satisfação, relaxado, olhando fixamente para mim. Eu me perguntei quais perguntas não respondidas rodavam na cabeça dele. De repente, ele se endireitou, removeu o bico, bebeu diretamente da garrafa, derramando um pouco no chão enquanto bebia.

Ele apontou para as duas caixas de som na parede.

– Aqui é campainha – ele disse.

– Sim. Como campainhas de porta – respondi.

Ele pegou o bico da mamadeira, mastigou e sugou, olhando fixamente para mim. Por fim, aproximou-se. Naquele dia, eu usava galochas vermelhas, e Dibs estava sem as suas galochas. Ele apontou o dedo para meus pés.

– Tira as galochas – ele disse.

– Você acha que *eu* devo tirar as minhas galochas? – perguntei a ele.

– É. Sempre. Do lado de dentro.

Eu me abaixei, removi as galochas e as coloquei no canto.

– Que tal? – perguntei.

– Melhor – ele respondeu.

Dibs tentou colocar o bico de volta na mamadeira, mas não conseguiu. Então ele os trouxe para mim.

– Não consigo. Me ajude.

– Muito bem, vou ajudar você – eu disse, encaixando o bico na mamadeira para ele. Ele pegou a mamadeira, removeu o bico no mesmo instante e esvaziou a água na pia. Ele se virou e segurou a mamadeira vazia para que eu visse.

– Mamadeira vazia – ele disse.

– Sim, você a esvaziou.

Dibs permaneceu parado junto à pia, segurando firmemente a mamadeira vazia perto do corpo, olhando fixamente para mim por bastante tempo. Eu olhava de volta, esperando que ele tomasse a iniciativa ou de uma atividade ou de uma conversa. Ou ele que ficasse ali me olhando e pensando, caso decidisse fazer isso.

– Eu estou pensando – ele disse.

– Está?

– É. Eu estou pensando.

Não o pressionei a me contar no que estava pensando. Eu queria que ele experimentasse mais do que um mero exercício de perguntas e respostas. Queria que ele sentisse e vivenciasse sua individualidade completa em nosso relacionamento, sem o limitar a nenhum tipo de comportamento específico. Queria que aprendesse que ele era uma pessoa com muitas partes, incluindo altos e baixos, amores e ódios, medos e coragens, desejos infantis e interesses mais maduros. Queria que aprendesse, por suas próprias experiências, a assumir a responsabilidade de usar suas habilidades nos relacionamentos com as pessoas. Não queria direcioná-lo para um canal específico por meio de elogios, sugestões ou perguntas. Se me apressasse em tirar conclusões, poderia perder completamente a essência da personalidade integral daquela criança. Esperei enquanto Dibs permanecia ali refletindo. De repente, um sorriso muito de leve e fugidio cruzou seu rosto.

– Eu vou pintar com os dedos, brincar na areia e fazer chá – ele disse.

– Você está planejando o que quer fazer durante o resto do nosso horário? – perguntei.

– Isso mesmo – ele respondeu, e sorriu mais abertamente. – Com muita frequência você acerta – ele acrescentou.

– Ora, isso é animador – eu disse.

Dibs riu. Foi breve, mas foi a primeira risada dele que ouvi. Ele tirou a louça do chá da prateleira.

– Vou preparar tudo – ele anunciou.

– Você vai fazer o chá primeiro? – perguntei.

– Sim, acho que vou – ele respondeu.

Ele encheu a mamadeira com água e mastigou o bico, que não havia recolocado na mamadeira. Em seguida, ligou a torneira na vazão máxima e fechou as portas do armário que encerram a pia. Olhando para mim, ele esperava minha reação, mas eu não disse nada. Então, ele atravessou a sala e apoiou o cotovelo no parapeito, segurando a mamadeira em uma mão e mastigando o bico, enquanto me encarava fixamente. Depois, ele riu e correu até a pia fechada, abriu as portas e desligou a água, esvaziando a mamadeira e a enchendo de novo. Continuou mastigando e sugando o bico. Depois abriu uma das portas do armário e olhou onde ficava o estoque e me fitou.

– Eu vou tirar a perneira agora – ele disse, apontando para as calças de neve que usava naquele dia e ainda não havia removido.

– Está pensando em tirá-la, não é?

– Isso mesmo – disse Dibs.

Porém, em vez de prosseguir, ele olhou novamente para o armário e começou a examinar todos os itens da prateleira. Tirou de lá algumas caixas de argila. Expliquei a ele que havia argila no pote em cima da mesa e que aquela deveria ser aberta e usada somente depois que a outra acabasse. Falei que aquele material era do estoque, que era guardado ali para ser usado conforme fosse necessário.

– Ah, entendo – disse Dibs. – Esse é o armário de estoque.

– Sim – respondi.

Ele puxou as calças de neve.

– Minha perneira.

– O que tem a sua perneira? – perguntei.

– O vento está muito frio lá fora hoje – ele disse.

– Sim. Está frio lá fora – concordei.

– Está frio na brinquedoteca hoje – Dibs disse.

– Sim, está mesmo.

– Então tirar a perneira? – Dibs me perguntou.

– Você que sabe – respondi. – Se você quiser tirar, pode. Se não quiser tirar hoje, tudo bem também, porque hoje está frio aqui dentro.

– Isso mesmo – Dibs respondeu. – Muito, muito frio.

Os sinos bateram as quatro horas, mas Dibs pareceu não notar. Ele foi até a caixa de areia e entrou. Brincou com os aviões e os soldados. Ele suspirou.

– Tire as galochas em todos os lugares fechados – ele disse. – Puxa e empurra e torce e tira. É difícil de fazer. Mas fique com a perneira hoje, porque está frio aqui.

– Parece que existem algumas coisas que devemos sempre tirar quando estamos do lado de dentro e algumas coisas que às vezes podemos deixar – comentei.

– Isso mesmo – Dibs disse. – Confunde as pessoas.

– É um pouco confuso – observei.

– É muito confuso – Dibs repetiu, assentindo com a cabeça de modo bastante enfático.

Havia na caixa de areia uma casa de bonecas bem pequena, de um único cômodo. Tinha uma veneziana quebrada em uma das janelas. Dibs a consertou, silenciosa e eficientemente. Ele tirou a caixa dos pesados animais de papelão em suportes de madeira.

– A senhorita A vai ajudar você a consertar os bichos, Dibs – ele disse. Ele se virou para mim e perguntou: – Você vai me ajudar a consertar os bichos, senhorita A?

– O que você acha? – perguntei.

– Você vai ajudar – ele respondeu.

Ele foi em frente e, sem ajuda, começou a encaixar os animais nos suportes. Começou a cantarolar enquanto trabalhava. Colocou a casa de bonecas pequena no meio da caixa de areia e os animais ao redor dela, em diferentes pontos. Parecia totalmente absorto em sua atividade.

– Gatos vivem nessa casa – ele disse. – O combatente tem um gato, um gato de verdade. E aqui está o pato. O pato não tem lago e o pato quer um lago. Fica vendo. Dois patos, são. Esse é o pato grande e ele é corajoso. Esse é o pato pequeno, mas não tão corajoso. O pato grande pode ter um lago bonito e seguro em algum lugar. Mas esse pato pequeno não tem um lago e ele quer um lago só dele. Mas agora esses dois patos se encontraram e eles estão juntos aqui e os dois estão vendo um caminhão passar fora da janela.

Eu o observava; sua fala fluía com suavidade e eficácia. Notei que, enquanto ele falava, um grande caminhão havia se aproximado e estacionado do lado de fora da janela da brinquedoteca.

– Então o pato pequeno quer um lago seguro só dele, talvez como o lago que ele acha que o pato grande tem? – perguntei.

– Isso mesmo – Dibs disse. – Juntos, eles veem o caminhão grande chegar. O caminhão estaciona, o homem entra no prédio, ele carrega o caminhão e quando está cheio ele vai embora.

– Entendo – respondi. Dibs pegou o caminhão de brinquedo e encenou o que havia me contado. Ele ficou em silêncio por um longo intervalo.

– Mais cinco minutos, Dibs – eu disse.

Ele ignorou meu comentário.

– Eu disse que temos só mais cinco minutos – repeti.

– É – disse Dibs, cansado. – Eu ouvi.

– Você me ouviu dizer "mais cinco minutos", mas não mostrou que tinha ouvido?

– Isso mesmo. Depois eu mostrei.

– Sim. Quando eu repeti, você mostrou – comentei. Eu estava tentando suavizar o fim do horário para que a sessão não acabasse abruptamente e sem aviso.

– Tudo isso vai acontecer em mais cinco minutos – Dibs disse. Ele abriu na areia um caminho que levava até a casa e ao redor dela. – Faz um barulho engraçado quando passa na areia – ele disse, olhou para mim e riu. – O caminhão está cheio. Quando passa, faz uma pista, uma pista de mão única, e despeja a areia aqui. – Ele rapidamente separou os soldados, escolheu três e os colocou no caminhão, cobrindo-os de areia. – Essa é uma estrada de mão única, e essas três pessoas entram no caminhão e não voltam mais.

– Elas vão embora e ficam longe? – perguntei para tentar entender.

– Isso mesmo – Dibs disse. – Para sempre.

Ele empurrou o caminhão pela areia, afundou-o na areia, pegou um punhado de areia e enterrou o caminhão e os três bonecos. Ele ficou sentado observando o monte de areia que fizera.

– Olhe, Dibs. Faltam esses minutos – eu disse, e levantei três dedos. Ele olhou para mim.

– Mais três minutos – ele disse, e acrescentou mais areia ao topo do monte, enterrando o caminhão e as pessoas não especificadas.

– Agora, patinho – ele disse, com delicadeza. – Você viu o que aconteceu. Eles foram embora.

Então ele pegou o pato pequeno e o colocou no topo do monte que tinha feito com a areia por cima do caminhão enterrado. Ele limpou a areia das mãos e saiu da caixa de areia.

– Hoje é Dia de São Valentim – ele disse, de repente.

– É mesmo – respondi.

– Deixe tudo ali durante a noite inteira e o dia inteiro – ele disse. – Não tire.

– Você quer que eles fiquem do jeito que você os deixou?

– Isso mesmo.

Dibs veio até mim e tocou o pequeno bloco de anotações que eu tinha sobre o joelho.

– Escreva nas suas anotações – ele disse. – Dibs veio. Ele achou a areia interessante hoje. Dibs brincou com a casa e com os combatentes pela última vez. Tchau!

Então, Dibs pegou o casaco e o chapéu e saiu da brinquedoteca, caminhou pelo corredor até a sala da recepção. A mãe o ajudou com o casaco e o chapéu, e ele saiu sem dizer mais nenhuma palavra.

Fui ao escritório e me sentei à escrivaninha. Que criança! Seria possível especular, interpretar e provavelmente chegar a uma conclusão do significado de sua brincadeira simbólica. No entanto, parecia desnecessário, redundante e talvez até restritivo verbalizar uma interpretação naquele momento – ou ter tentado vasculhar para obter mais informação.

Na minha opinião, o valor terapêutico desse tipo de psicoterapia baseia-se em permitir que a criança vivencie a si mesma como uma pessoa capaz e responsável, em uma relação que procura transmitir a ela duas verdades fundamentais: que ninguém conhece verdadeiramente sobre o mundo interior de um ser humano quanto o próprio indivíduo; e que a liberdade responsável nasce e se desenvolve de dentro para fora. A criança precisa primeiro aprender o respeito próprio e o senso de dignidade que surgem de sua crescente autoconsciência, antes de conseguir aprender a respeitar as personalidades, os direitos e as diferenças dos outros.

CAPÍTULO SETE

Na tarde da quinta-feira seguinte, quando Dibs chegou ao Child Guidance Center, ele me cumprimentou com um sorriso rápido e seguiu direto para a brinquedoteca, na minha frente. Ele entrou e foi até a casa de bonecas.

– Está diferente – ele disse. – As coisas foram mexidas.

– Alguém provavelmente brincou com elas.

– Sim – ele comentou. Girou nos calcanhares e inspecionou a caixa de areia. – E os animais, também. Eles não estão do jeito que eu deixei.

– Sim, alguém deve ter brincado com eles também – comentei.

– É o que parece – Dibs disse. Ele parou no centro da sala, escutando. – Está ouvindo a máquina de escrever? Alguém está trabalhando em uma máquina de escrever. Escrevendo cartas em uma máquina de escrever.

– Sim, estou ouvindo – respondi.

Dibs tinha o hábito de introduzir objetos inanimados e seguros como assunto de suas conversas; parecia usá-los como escudo defensivo quando algo o aborrecia. Estava incomodado porque os brinquedos não estavam do jeito que ele os deixou. Em sua última visita, ele havia pedido que não fossem mexidos, mas nenhuma promessa e nenhuma explicação lhe fora dada. Isso foi evitado de propósito, porque parecia importante para Dibs, como para todas as crianças, aprender por experiência própria que nenhuma parte de seu mundo é estática ou controlável. Agora que ele tinha encontrado evidências concretas de que seu mundo mudava, era importante trabalhar em suas reações a isso. Não com consolo, não com longas explicações ou desculpas, não com palavras jogadas nele como uma substituição, mas a partir da experiência que ele poderia ter, avaliando a própria habilidade em enfrentar um mundo em constante mudança.

Ele andou até a caixa de areia e fitou a areia achatada e as figuras espalhadas ali.

– Onde está o meu patinho? – ele perguntou.

– Você está se perguntando o que aconteceu ao patinho que você deixou em cima do monte de areia?

Ele se virou depressa e me encarou abertamente.

– Isso mesmo – ele disse, com raiva. – Onde está o meu patinho?

– Você falou que queria que ele ficasse ali, e alguém o tirou do lugar – respondi, tentando recapitular a situação, desacelerando as reações dele com as minhas respostas, para que ele conseguisse discernir melhor seus pensamentos e sentimentos.

Ele caminhou até bem perto de mim e me olhou diretamente nos olhos.

– Isso mesmo – disse, enfaticamente. – Por quê?

– Você quer saber por que eu não me certifiquei de que eles ficassem nos lugares em que você os deixou – comentei.

– Sim – ele disse. – *Por quê?*

– Por que você acha que deixei isso acontecer?

– Eu não sei. Me deixa bravo. Você deveria ter feito isso!

Agora era minha vez de fazer as perguntas.

– Por que eu deveria ter feito isso? – perguntei. – Eu prometi a você que faria isso?

Ele baixou o olhar para o chão.

– Não – respondeu, a voz diminuindo até quase um sussurro.

– Mas você queria que eu tivesse feito isso?

– Sim – ele cochichou. – Eu queria que você fizesse isso só por mim.

– Outras crianças vêm aqui e brincam com essas coisas – eu disse. – Uma delas provavelmente mexeu no seu pato.

– E na minha montanha. Meu patinho estava em cima da minha montanha.

– Eu sei. E agora a sua montanha de areia também não está lá, não é?

– Sumiu – ele disse.

– E você está bravo e desapontado por causa disso, não está?

Dibs assentiu em concordância. Ele olhou para mim, e eu retribuí o olhar. O que mais ajudaria Dibs não era a montanha de areia nem o poderoso patinho de plástico, mas, sim, a sensação de segurança e adequação que eles representavam na criação que ele havia construído na semana anterior. Agora, confrontado com o desaparecimento dos símbolos concretos, eu esperava que ele pudesse vivenciar dentro de si confiança e adequação, enquanto lidava com a decepção e com a percepção de que coisas fora de nós mudam – e muitas vezes nós temos pouco controle sobre esses elementos. Mas, se aprendermos a usar nossos recursos internos, poderemos carregar a segurança ao nosso redor.

Dibs sentou-se na borda da caixa de areia, olhando em silêncio para as figuras espalhadas. Depois, passou a recolher algumas e a agrupá-las em tipos semelhantes. Ele esticou o braço e pegou meu lápis. Com ele, tentou abrir um buraco em um dos suportes dos animais de papelão que estava dobrado. Ele quebrou a ponta do lápis.

– Ah, olhe – ele disse, casualmente. – A ponta quebrou.

Ele me entregou o lápis. Agora, por que ele tinha feito aquilo? Peguei o lápis.

– Vou sair para apontar o lápis, Dibs. Voltarei em um instante. Fique aqui.

Eu saí e o deixei na brinquedoteca, um espaço que utilizávamos com frequência para nossos estudos de comportamento infantil e programas de treinamento profissional. Ao longo de uma lateral, havia um vidro que parecia ser um grande espelho, mas, na verdade, era um vidro de visão unidirecional. Atrás dele, em uma sala escura, ficavam um ou mais observadores cuidadosamente escolhidos e treinados, que monitoravam os gravadores de fita e mantinham registros de descrições de comportamento cronometradas. Mais tarde, os registros eram transcritos e editados para incluir o comportamento observado tanto da criança quanto do terapeuta, com a hora anotada em intervalos de minuto em minuto no canto inferior dos relatórios. Nós usávamos isso como pesquisa de dados e para discussão em seminários de doutorado avançado, ou como parte do programa de treinamento profissional. Antes de ser usado, todos os nomes e informações de identificação eram alterados para garantir o anonimato dos indivíduos envolvidos. No nosso trabalho, existe tanta semelhança básica nos problemas psicológicos dos indivíduos envolvidos que, mesmo que alguém pense que o que sobra é identificador, na verdade, com a brincadeira das crianças, não tem como ser.

Quando saí da sala para ir apontar o lápis, os observadores atrás do espelho continuaram a registrar.

Dibs pegou a pá e cavou a areia. Ele falou sozinho enquanto fazia isso.

– Muito bem, areia – ele disse. – Então você acha que pode ficar aqui agora e não ser incomodada? E todos vocês, bichos e pessoas? Pois vou mostrar. Vou desenterrar vocês. Vou encontrar vocês. Vou encontrar o homem que eu enterrei. Vou cavar e cavar até encontrar. – Ele cavou a areia depressa. Finalmente, achou um dos soldados. – Então, aqui está você. Vou pegar você agora, seu combatente. De pé, aí, todo reto e duro. Parece uma velha grade de ferro de uma cerca. Eu vou colocar você *aqui*, de cabeça para baixo. Vou enfiar você na areia.

Ele enfiou o soldado na areia, de cabeça para baixo, até que o boneco ficou novamente fora das vistas, enterrado. Dibs esfregou uma mão na outra para tirar a areia. Ele sorriu. Ele riu. Então a modulação de sua voz mudou para um tom alegre e cadenciado, e ele disse:

– Tire o chapéu e o casaco, Dibs, está *frio* aqui.

Voltei com o lápis apontado. Dibs olhou para mim.

– Está frio aqui – ele disse. – Tiro o casaco?

– Bem, está frio aqui – respondi. – Talvez seja melhor você ficar de jaqueta, hoje.

– Ligue o aquecedor – disse Dibs, e foi até o radiador e o tocou.

– O aquecedor está frio.

– Sim, eu sei que está.

DIBS EM BUSCA DE SI MESMO

– Eu vou ligar – Dibs anunciou, e ligou o radiador.

– Você acha que isso pode esquentar aqui? – perguntei.

– Acho. Se tiver fogo no porão.

– Fogo no porão?

– Na *caldeira* – ele respondeu. – Na caldeira que fica *no* porão.

– Ah – eu disse. – Bem, a caldeira está quebrada, hoje. Os homens estão lá embaixo consertando.

– Qual foi o problema com ela? – Dibs perguntou.

– Eu não sei.

– Você podia descobrir, sabe? – ele disse, após breve intervalo.

– Eu podia? Como?

– Você podia descer lá no porão e ficar por ali, fora do caminho, na borda das coisas, perto o suficiente pra observar os homens e escutar o que eles têm a dizer.

– Acho que poderia – respondi.

– Então por que não fez isso? – ele perguntou.

– Para lhe dizer a verdade, Dibs, não me ocorreu fazer isso.

– Você pode aprender um monte de coisas interessantes desse jeito – ele disse.

– Tenho certeza de que sim – eu lhe disse, e tinha certeza de que Dibs aprendera muitas, muitas coisas dessa forma, ficando por ali, fora do caminho, na borda das coisas, perto o suficiente para observar as pessoas e ouvir o que elas tinham a dizer.

Ele andou até o armário e olhou dentro.

– Estão todos vazios – ele disse.

– Isso mesmo – eu disse. Agora ele tinha *me* colocado na posição de confirmar as observações *dele*!

– Está muito frio para tirar a perneira de novo, hoje.

– Acho que sim – respondi.

– A caldeira deve ter começado a quebrar na quinta passada – ele disse.

– Isso pode ser verdade – concordei.

– O que mais, se não isso? – ele perguntou. – O que mais?

– Não sei. Eu nunca estudei os defeitos das caldeiras. Não sei muito sobre elas.

Dibs riu.

– Você só repara quando fica fria – ele disse.

– Isso mesmo – concordei. – Suponho que, se está aquecendo direito, deve estar funcionando. Quando não aquece, deve estar precisando de conserto.

– Sim. Daí você repara que está quebrada.

– Daí eu reparo – concordei.

Ele perambulou até a mesa, pegou a mamadeira e bebeu. Falou comigo entre as sugadas.

– A senhorita A está sem galochas hoje – ele comentou.

– É, não estou de galochas hoje.

– Isso é bom – ele disse.

Então arrastou uma cadeira até o armário de três cantos em uma quina da sala. Um grande quadrado tinha sido recortado da porta, e uma cortina tinha sido colocada nele, transformando-o em um teatro de marionetes. Dibs subiu na cadeira e, separando as cortinas, olhou para dentro.

– Vazio – ele disse.

Arrastou a cadeira até a pia, subiu e olhou os armários sobre ela.

– Vazios – anunciou.

– Não tem nada dentro desses armários – eu disse, mas ele conferiu todos.

Depois, ele arrastou a cadeira para longe, abriu as portas que encerravam a pia e abriu a torneira. Removeu o bico da mamadeira enquanto a água corria com toda a potência. Encheu a mamadeira, despejou a água na pia, segurou o bico, pousou o bico na mesa, fechou a torneira e pegou a arma, preencheu a arma com areia. Puxou o gatilho e tentou disparar contra a areia, mas não conseguiu. Em seguida, ele se sentou na beirada da caixa de areia. Encheu a arma com areia, que escorreu da arma e caiu no chão. Mais uma vez, ele encheu a arma com areia e puxou o gatilho.

– Desse jeito não funciona – ele disse.

– Reparei – respondi.

Ele espanou a areia de volta da beirada para dentro da caixa. Estava sentado de frente para mim. Começou a recolher os animais espalhados, falando durante a ação.

– O galo canta cocorocó – ele disse. – O galo cacareja, e as galinhas botam ovos. E os dois patos estão nadando. Ah, olhe! Eles têm um lago *deles*, um laguinho só deles. O pato pequeno faz quá-quá, o pato grande faz quá-quá. E eles nadam juntos no laguinho seguro deles. E tem dois coelhos. Dois cachorros. Duas vacas. Dois cavalos. Dois gatos. Tem dois de tudo. Não tem *nada sozinho aqui*!

Ele se esticou e pegou a caixa vazia onde ficavam os soldadinhos.

– Essa é a caixa de todos os combatentes. Tem uma tampa que pode ser fechada, ah, bem apertada.

Ele ficou de joelhos na beirada ao redor da caixa de areia para examinar a casa de bonecas pequena e a girou.

– *Ninguém* mora nessa casa – ele disse – Só o gato e o coelho. Só um gato e um coelho. Marshmallow é o nome do nosso coelho na escola – ele acrescentou, olhando para mim. – Nós deixamos o coelho em uma gaiola grande, no canto de uma das salas, e, de vez em quando, o deixamos sair para pular, saltar, sentar, pensar.

– O gato e o coelho moram nessa casa juntos? E Marshmallow é o nome do coelho?

– É o nome do coelho da *escola* – Dibs interrompeu para dizer. – Não do coelho que vive na casa com o gato. Mas nós temos um coelho na escola, e esse é o coelho que se chama Marshmallow. Ele é um coelho bem grande, branco, mais ou menos como esse aqui, esse de brinquedo. Foi isso que me fez lembrar do nosso coelho da escola.

– Ah, entendo. O coelho de estimação fica na escola – falei.

– O coelho *engaiolado* – Dibs me corrigiu. – Mas às vezes nós soltamos, e às vezes, quando ninguém está olhando, *eu* solto.

Aquela era a primeira vez que Dibs mencionava a escola. Eu me perguntei como ele estaria se saindo agora. Será que o seu comportamento dele na escola era o mesmo que no dia em que fiz a visita? Quando a mãe de Dibs concordou em tentar as sessões de ludoterapia, eu informei a escola. Disse à diretora que iria atender Dibs se e quando a mãe o levasse ao Child Guidance Center. Informei honestamente que não sabia como ele iria responder às sessões de ludoterapia, se elas seriam úteis ou não. Combinamos que a escola me chamaria quando quisessem outra reunião, ou se tivessem quaisquer observações, relatórios ou problemas a discutir. Agi assim porque senti que seria um pouco mais objetivo receber relatórios não solicitados sobre o comportamento dele, em vez de receber respostas aos meus questionamentos, uma vez que estaria pessoalmente envolvida na terapia de Dibs. Eu não havia notificado a escola sobre a mãe ter levado Dibs à terapia. Na minha opinião, cabe aos pais divulgar que a criança está fazendo terapia. E nenhum relatório é divulgado a nenhuma pessoa ou organização sem o conhecimento e consentimento por escrito dos pais.

Eu estava interessada no comentário que Dibs fez sobre o coelho da escola. Isso indicava que, mesmo não sendo um membro ativo e participativo do grupo, Dibs estava observando, aprendendo, raciocinando e tirando conclusões enquanto se mantinha à margem das coisas. Seria interessante saber o que ele estava fazendo na escola e em casa. Provavelmente, seria interessante para as outras pessoas que o conheciam saber o que ele estava fazendo na brinquedoteca. No entanto, isso não alteraria os procedimentos que eu estava usando, porque eu estava mais preocupada com as atuais percepções de Dibs sobre o mundo dele, seus relacionamentos, sentimentos, conceitos, conclusões, deduções e inferências. Eu conseguia visualizar Dibs libertando o coelho engaiolado e sentir o afeto que motivava aquela ação.

Ele ergueu uma cerca de papelão ao redor dos animais.

– Vou fazer uma passagem na cerca – ele anunciou, cortando a cerca e curvando a parte de trás dela para fazer um portão aberto. – Isso é para os animais sempre poderem sair, quando eles quiserem.

– Entendo – comentei.

Ele recolheu vários fragmentos de papelão de formato estranho que tinham sido furados e extraídos para definir a cerca. Examinou-os com toda a atenção.

DIBS EM BUSCA DE SI MESMO

– Isso é… Isso é… – Ele estava tentando definir o objeto. – Bem – ele anunciou –, isto é um pedaço de nada. Essa que é a aparência do nada. – Ele ergueu para que eu visse. Aquela era uma inferência interessante, e exata, em certa medida.

Ele pegou alguns dos soldados de brinquedo.

– Este homem tem uma arma, e este aqui monta a cavalo. Aqui tem outros combatentes. – Ele os alinhou na borda externa da caixa de areia. – Esses, eu vou colocar na caixa. – E assim fez. – E o caminhão está outra vez abrindo uma pista em volta da casa. O coelho e o gato estão olhando pela janela, só olhando e observando.

Ele ficou ali sentado, entrelaçou as mãos no colo e olhou para mim durante vários minutos em silêncio. A expressão em seu rosto era séria, mas os olhos brilhavam com os pensamentos que estava tendo. Ele se inclinou na minha direção e falou:

– Hoje não é o Dia da Independência e não vai ser, até o dia 4 de julho, que cai numa quinta-feira. Faltam quatro meses e duas semanas até lá, e eu venho aqui e vejo a senhorita A nesse dia. Eu olhei no calendário para confirmar. Segunda é primeiro de julho, terça é 2 de julho, e quarta é 3 de julho, que é quase o Dia da Independência, mas ainda não é. Então, vem o 4 de julho, que é o Dia da Independência, e cai numa quinta-feira, e é quando eu venho aqui! – Ele se esticou e pegou um coelho de brinquedo. – No dia 3 de julho, quarta-feira, vai ser um longo dia, com manhã, tarde e noite. E depois vem o sol da manhã seguinte, que é o Dia da Independência, 4 de julho, quinta-feira, *e é quando eu venho aqui!*

– Você deve gostar mesmo de vir aqui – eu disse.

– Ah, gosto muito! Gosto muito! – Ele sorriu. Em seguida, ficou sério e continuou a falar rapidamente. – O Dia da Independência é o dia dos soldados e dos marinheiros. Os tambores fazem bum-bum-bum. E penduram bandeiras. – Ele cantou uma marcha. Ele cavou a areia, encheu o caminhão com areia e empurrou. – É um dia feliz. Dia da Independência! E todo mundo fica zonzo de alegria. Esses soldados estão descarregando liberdade e destrancando todas as portas!

A beleza e a potência da linguagem daquela criança eram impressionantes. Era surpreendente pensar que aquela linguagem havia surgido e florescido apesar da solidão e do medo que o haviam conduzido, encoberto, para o deserto de sua ansiedade. Mas agora ele havia lidado com o medo e estava ficando mais forte com as certezas que vinha descobrindo. Ele estava substituindo a raiva, o medo e a ansiedade por esperança, confiança e alegria. A tristeza e o senso de derrota dele estavam desaparecendo.

– Você também sente essa alegria, não sente, Dibs? – perguntei, após um momento.

– É uma alegria que eu não gostaria de perder – ele respondeu. – Eu venho contente pra esta sala.

Eu o observei sentado na beirada da caixa de areia, irradiando a sensação de paz que ele estava sentindo. Ele parecia tão pequeno, mas ainda assim tão preenchido de esperança, coragem e convicção, que eu conseguia sentir o poder de sua dignidade e confiança.

– Eu venho contente pra esta sala – ele disse outra vez. – Saio com tristeza.

– Ah, é? E um pouco desse contentamento vai embora com você? – perguntei.

Dibs enterrou três soldados de brinquedo na areia.

– Isto deixa *esses* tristes – ele disse. – Eles não conseguem enxergar, não conseguem escutar, não conseguem respirar – explicou. – Dibs, desenterre os soldadinhos daí – ele ordenou a si mesmo. – Já já vai estar na hora de ir embora. Você vai querer deixá-los enterrados, Dibs? – ele perguntou a si mesmo.

– Daqui a cinco minutos será hora de ir embora – eu disse. – Então, você vai querer deixá-los enterrados?

Ele rapidamente saltou para fora da caixa de areia.

– Eu vou brincar com os combatentes aqui no chão – ele disse. – Eu vou enfileirar todos em ordem.

Ele se agachou no chão e arrumou os soldados. Foi à caixa de areia e desenterrou os soldados que havia enterrado. Olhou com atenção para eles e esticou um na minha direção.

DIBS EM BUSCA DE SI MESMO

– Este é o papai – ele disse, identificando o boneco.

– Ah, então esse é o papai, é? – comentei casualmente.

– É – ele respondeu.

Ele posicionou o boneco no chão à frente, fechou o punho, golpeou o boneco, pôs de pé, derrubou com um soco. Dibs repetiu isso várias vezes. Depois olhou para mim.

– Mais quatro minutos? – ele perguntou.

– Isso mesmo – eu disse, consultando o relógio instantaneamente. – Mais quatro minutos.

– Daí vai ser hora de ir para casa – Dibs disse.

– Ahã – respondi.

Ele brincou com o soldado "papai" de novo, pondo-o de pé e o derrubando. Outra vez olhou para mim.

– Mais três minutos? – perguntou ele.

– Isso mesmo – eu disse, e acrescentei: – depois será hora de ir para casa – falei isso mais para ver sua reação do que para chamar a atenção dele do óbvio.

– Isso mesmo – Dibs respondeu. – Mesmo que eu não queira ir pra casa, vai ser hora de ir pra casa.

– Sim, Dibs. Mesmo que você não queira ir para casa, será hora de ir.

– Isso mesmo – Dibs disse. Ele suspirou, permanecendo sentado em silêncio por mais um minuto. Ele parecia ter um raro senso de tempo.

– Mais dois minutos? – ele perguntou.

– Sim.

– Eu volto na próxima quinta – ele afirmou.

– Volta, sim – concordei.

– Amanhã é aniversário do George Washington – ele disse. – É sexta-feira. Sábado não é nada. Domingo é dia 24, depois vem segunda-feira, e eu volto para a escola! – ele anunciou. Havia um brilho forte e feliz em seus olhos.

Ainda que o comportamento externo de Dibs na escola não indicasse isso, ela significava muito para ele. Embora as professoras pudessem se sentir perplexas, frustradas e terem uma sensação de derrota, elas haviam penetrado em Dibs. Ele sabia o que acontecia ali. A marchinha que ele cantara era provavelmente uma música que as crianças tinham aprendido na escola. Marshmallow era o animal de estimação deles – ou melhor, seu animal engaiolado. Mas Marshmallow era uma parte da experiência escolar. Pensei na reunião que tive na escola. Eu me lembrei da exposição que a senhorita Jane fizera sobre seu monólogo acerca dos princípios da atração magnética. As professoras deveriam se animar. Nós nunca sabemos quanto do que apresentamos às crianças é absorvido por elas, cada uma à sua maneira, e se torna parte das experiências com as quais elas aprendem a lidar com seus mundos.

– Na segunda, vamos receber o Jornal da Escola Elementar – Dibs disse. – Vai ter uma capa brilhante de amarelo, azul e branco. Dessa vez, terá treze páginas. Tem um bilhete no quadro de avisos que fala isso. Depois é terça e quarta e quinta. E na quinta eu venho aqui de novo!

– Você tem uma boa ideia do que vai acontecer na próxima semana, não tem? O aniversário de Washington, o jornal da escola, todos os dias da semana e depois sua vinda aqui de novo – eu comentei.

– É – disse Dibs.

"E você sabe ler muito além da sua idade. E entende o que lê", eu pensei. Mas não fiz comentários sobre isso. Ele considerava aquilo um dado adquirido, então fiz o mesmo. Apesar de ele ser obviamente um leitor excelente, isso não bastava em si para a efetividade de seu desenvolvimento total.

– Mais um minuto? – ele perguntou.

– Sim. Só mais um minuto – eu respondi.

Ele pegou o boneco que havia identificado como "papai" e o jogou na caixa de areia.

– O papai vem me buscar aqui hoje – Dibs me contou.

– Ah, é? – eu exclamei, apurando os ouvidos. Então "papai" estava subindo um pouco à superfície do mundo de Dibs!

– É – Dibs disse. Ele olhou para mim, e eu retribuí o olhar. Estava na hora, e nós dois sabíamos disso, mas nenhum disse uma palavra a respeito. Por fim, Dibs ficou de pé.

– O horário acabou – ele disse, com um suspiro profundo.

DIBS EM BUSCA DE SI MESMO

– Sim, acabou – concordei.

– Quero uma pintura – Dibs disse.

– Você quer dizer que não quer ir embora, mesmo sabendo que o horário acabou – falei.

Dibs me fitou, e havia uma centelha de sorriso em seu rosto. Ele se abaixou e rapidamente moveu os soldados de brinquedo que havia posto no chão, alinhou-os virados para mim e andou até a porta.

– Armas são úteis, quando se trata de atirar – ele disse.

– Estou vendo – respondi.

Ele pegou o boné e desceu o corredor. Eu caminhei com ele; queria conhecer o "papai".

– Tchau – disse Dibs, dispensando-me.

– Tchau, Dibs. Vejo você na próxima semana.

"Papai" olhou brevemente para mim.

– Como vai? – ele disse, rígido. Ele parecia muito inquieto.

– Como vai? – repeti.

– Olhe, olhe, papai – Dibs disse. – Você sabia que hoje não é o Dia da Independência?

– Venha, Dibs, estou com pressa – disse "papai".

– E não vai ser até julho – Dibs insistiu. – Mas cai numa quinta-feira, daqui a quatro meses e duas semanas.

– *Vamos*, Dibs – "papai" disse, morrendo de constrangimento com a conversa de Dibs, que provavelmente parecia a ele muito bizarra, se é que ele estava, de fato, escutando.

– O Dia da Independência cai numa quinta-feira – Dibs tentou de novo. – Quatro de Julho é que é o dia.

"Papai" estava empurrando Dibs porta afora.

– Dá pra parar de tagarelar essas bobagens? – ele disse, por entre os dentes cerrados.

Dibs suspirou. Desanimou. E partiu, em silêncio, com o pai.

A recepcionista olhou para mim. Não havia outras pessoas na sala de espera.

– Que velho ranzinza! – ela disse. – Por que ele não se joga no rio East?

– Sim – eu concordei. – Por que não?

Voltei à brinquedoteca para arrumar a sala para o próximo jovem paciente. Os observadores entraram para ajudar. Um deles me contou o que Dibs dissera quando eu saí para apontar o lápis. A fita tinha sido rebobinada, e ouvimos essa parte da gravação sendo tocada.

– Que menino! – um dos observadores comentou.

"E que didático", pensei. "De pé, aí, todo reto e duro. Parece uma velha grade de ferro de uma cerca, você", Dibs havia dito. Eu mesma tive vontade de deixar "papai" enterrado ali na areia por uma semana. Ele não escutava o filho que tentava conversar com ele, mas descartara a conversa como tagarelice sem sentido. Dibs devia possuir uma força interna tremenda, para manter uma personalidade tão eficaz quanto a dele em face de tais ataques contra ela.

Às vezes, é muito difícil manter com firmeza em mente o fato de que também os pais têm suas razões para fazerem o que fazem – razões trancadas nas profundezas de suas personalidades, razões para sua inabilidade para amar, entender e se doar para seus filhos.

CAPÍTULO OITO

Na manhã seguinte, recebi um telefonema da mãe de Dibs. Ela perguntou se seria conveniente agendar um horário para si mesma. Parecia estar se desculpando por fazer esse pedido e acrescentou rapidamente que compreenderia se eu estivesse ocupada demais. Consultei minha agenda e sugeri diversas possibilidades: uma para aquela manhã, outra para aquela tarde e outras para as tardes de segunda, terça e quarta. Ela teve uma ampla variedade de alternativas para escolher. Ela hesitou, perguntou qual horário eu preferia e sugeriu que eu mesma indicasse. Respondi que para mim não fazia diferença; qualquer horário que fosse o mais conveniente para ela seria satisfatório. Disse também que estaria no Child Guidance Center em todos os períodos mencionados, então ela podia ficar à vontade para escolher o horário de sua preferência. Mais uma vez, ela hesitou. Depois de uma razoável deliberação, ela se decidiu.

– Estarei aí às dez da manhã de hoje – ela disse. – Obrigada. Agradeço.

Eu me perguntei o que teria motivado sua decisão de pedir por uma reunião. Estaria ela satisfeita, insatisfeita ou aborrecida em relação a Dibs? Teria o marido reagido desfavoravelmente à breve visita que fizera no dia anterior, ao buscar Dibs? Ela chegaria em menos de uma hora, então talvez pudéssemos descobrir um pouco mais sobre a situação.

Era difícil prever como um encontro daqueles poderia se desenrolar. A mãe poderia ficar paralisada e não ser mais capaz de lidar com o problema do que havia sido antes. Em contrapartida, ela poderia estar tão repleta de infelicidade, frustração e uma sensação de inadequação pessoal e derrota que acolheria a oportunidade de compartilhar ao menos uma parte disso com outra pessoa. Seria extremamente importante reduzir ao máximo qualquer ameaça para ela e transmitir uma sensação de confidencialidade segura em relação ao encontro. Uma coisa era certa: seria uma reunião extremamente difícil e emocionalmente exaustiva para aquela mãe, independentemente de como ela usasse o tempo. Se ela fosse gentil, falasse sobre coisas seguras, porém irrelevantes, fizesse perguntas ou contasse um pouco de sua própria história tão firmemente guardada, seria responsabilidade minha informar-lhe, da forma mais eficaz possível, principalmente por meio de minhas atitudes e de minha filosofia pessoal, que o seu mundo pessoal e particular pertencia somente a ela e que a decisão de destrancar a porta e compartilhar alguma parte dele comigo caberia a ela. E, caso ela decidisse não abrir essa porta, eu não a atropelaria psicologicamente nem tentaria forçá-la por meio de uma intromissão intencional. Seria interessante ouvir o que ela teria a dizer sobre Dibs e sobre si mesma, mas muito mais importante seria dar a ela a experiência de ser uma pessoa digna, respeitada e reconhecida como um indivíduo que tem posse absoluta de sua vida pessoal.

Ela chegou pontualmente, e seguimos para o meu escritório. Ela deixara claro, antes, que se sentia muito desconfortável aguardando na recepção. Dado que ela cumprira o horário tão rigorosamente, pareceu importante recebê-la assim que chegou, e não a fazer esperar, quando não havia necessidade.

Ela se sentou na cadeira ao lado da minha escrivaninha, de frente para mim. Estava pálida. As mãos estavam cruzadas com força. Os olhos vagaram pelo ambiente, parando brevemente em mim e se desviando depressa, como Dibs fizera quando pela primeira vez eu o recebi na brinquedoteca.

Eu lhe ofereci um cigarro.

DIBS EM BUSCA DE SI MESMO

– Não, obrigada – ela disse.

Deixei o maço na mesa. Ela apontou para ele.

– Eu não fumo – ela disse. – Mas, se você quer, por favor, fume.

– Eu também não fumo – respondi.

Guardei o maço de volta na gaveta da mesa, mais para quebrar a tensão dos minutos iniciais do que com qualquer outro objetivo. Fiz isso com calma, e depois olhei para ela. Tinha uma expressão de ansiedade e pânico nos olhos. Era importante não a empurrar para nenhuma discussão sobre seus problemas, importante não presumir a liderança fazendo perguntas, importante não transformar aquela sessão em uma conversa sobre trivialidades. Se *ela* quisesse fazer qualquer uma dessas coisas, seria totalmente diferente; eu fazer isso seria anular o objetivo da reunião. Ela pedira o encontro e com certeza tinha uma razão para isso. Se eu tivesse pedido que ela viesse para uma consulta, teria sido minha responsabilidade colocar a conversa em andamento.

Esse é o momento mais difícil e o crucial de qualquer entrevista inicial, e geralmente determina em grande parte a efetividade total da experiência. Tentar explicar o propósito de tal encontro muitas vezes é tão infrutífero que não me daria ao trabalho de introduzir nenhuma explicação ou "estruturação da experiência", como às vezes é chamada. O silêncio não me fazia sentir inquieta. Eu estava segura de que ela lidaria com ele muito mais construtivamente do que com qualquer esforço que eu poderia fazer em nome de iniciar uma conversa. Nós não queríamos uma conversa pela conversa em si.

– Eu não sei por onde começar – ela disse.

– Eu sei. Às vezes, é difícil começar.

Ela sorriu, mas foi um sorriso sem alegria.

– Tanta coisa a dizer. E tanta a não dizer!

– Muitas vezes, esse é o caso – eu disse.

– Algumas coisas são melhores não ditas – ela disse, fitando-me diretamente nos olhos.

– Às vezes, parece que sim.

– Mas tantas coisas não ditas podem se transformar em um grande fardo.

– Sim. Isso também pode acontecer – comentei.

Ela permaneceu sentada olhando para fora da janela por um longo intervalo. Estava começando a relaxar.

– Você tem uma vista adorável por essa janela. Aquela igreja ali é linda. Parece tão grande, tão sólida e pacífica.

– É mesmo – eu disse.

Ela olhou para baixo, para as mãos firmemente entrelaçadas. Olhou para cima e encontrou meu olhar. Havia lágrimas nos olhos dela.

– Estou tão preocupada com o Dibs – ela disse. – Tão profundamente preocupada com ele!

Por aquele comentário eu não tinha esperado. Tentei receber o comentário o mais casualmente possível.

– Preocupada com ele? – perguntei. Não mais do que isso, àquela altura. Não lhe perguntei por quê.

– Sim. Tão, tão preocupada! Ultimamente, ele parece tão infeliz. Ele fica de pé ali, me olhando, sempre tão silencioso. Ele sai do quarto com mais frequência agora. Mas só fica parado de pé no canto das coisas, como a sombra de um fantasma. Toda vez que eu falo com ele, foge correndo. Só para depois voltar e me olhar com uma tristeza tão trágica no olhar. – Ela pegou alguns lenços de papel da caixa na minha mesa e enxugou os olhos.

Aquele foi realmente um comentário interessante. Dibs estava saindo do quarto com mais frequência agora e, de acordo com o relato dela, parecia estar *mais infeliz ultimamente*. Claro, poderia ser que ela estivesse mais ciente da infelicidade dele do que anteriormente. Poderia ser que Dibs estivesse demonstrando seus sentimentos mais abertamente em casa. Além disso, ficar em silêncio, quando ele tinha tal domínio da linguagem, indicava que possuía uma força interna e um autocontrole imensos.

– Eu me sinto muito incomodada quando ele faz isso – ela acrescentou, após uma longa pausa. – É como se ele estivesse pedindo por algo, algo que eu não posso dar. Ele é uma criança muito difícil de entender. Eu tentei, de verdade, eu tentei. Mas fracassei. Desde o começo, quando ele era bebê, eu não conseguia entender o Dibs. Eu nunca tinha realmente conhecido uma criança antes dele. Não tinha nenhuma experiência real

DIBS EM BUSCA DE SI MESMO

como mulher com crianças ou bebês. Eu não tinha a menor ideia de como eles eram, como eram mesmo enquanto pessoas, quero dizer. Eu sabia tudo sobre eles biologicamente, fisicamente e medicamente. Mas nunca consegui entender o Dibs. Ele era tão problemático, uma decepção tão grande desde o momento do nascimento. Nós não tínhamos planejado ter filhos. A concepção dele foi um acidente. Ele atrapalhou todos os nossos planos. Eu tinha uma carreira profissional também. O meu marido tinha orgulho das minhas conquistas. Meu marido e eu éramos muito felizes antes de o Dibs nascer. E, quando ele nasceu, ele era tão diferente. Tão grande e tão feio. Uma coisa tão grande, um troço disforme! Absolutamente não responsivo. Na verdade, ele me rejeitou desde o momento em que nasceu. Ele ficava rígido e chorava toda vez que eu o pegava!

Lágrimas lhe escorriam pelas faces, e ela as enxugou com os lenços enquanto falava, quase soluçando sua história. Comecei a falar, mas ela me calou.

– Por favor, não diga nada – ela pediu. – Eu preciso colocar para fora, ao menos uma vez. Venho carregando isso comigo há tempo demais, é como uma pedra enorme no meio do meu coração. Pense o que quiser sobre mim, mas, por favor, me deixe contar. Eu não pretendia fazer isso. Quando telefonei e pedi para marcar um horário, planejava lhe perguntar sobre o Dibs. O pai dele ficou aborrecido ontem. Ele acha que a terapia está piorando as coisas para o Dibs. Mas tem uma coisa que eu preciso contar. Mantive isso tudo trancado dentro de mim por tanto, tanto tempo.

"Minha gestação foi muito difícil. Eu fiquei enjoada a maior parte do tempo. E meu marido se ressentia da minha gravidez. Ele achou que eu poderia ter evitado. Ah, mas eu não o culpo. Eu também me ressentia. Nós não podíamos mais fazer nenhuma das coisas que costumávamos fazer juntos, não podíamos ir a lugar nenhum. Acho que eu deveria dizer que não fazíamos mais, não que não podíamos fazer. Meu marido se afastou cada vez mais, se enterrou no trabalho. Ele é cientista, você sabe. Um homem brilhante! Mas distante. E muito, muito sensível. Isso talvez surpreenda você. Eu não falo sobre isso, nunca nem mesmo mencionei na escola."

Mais uma vez, um sorriso infeliz e sem alegria cruzou os lábios dela.

– Antes de engravidar, eu era cirurgiã e amava o meu trabalho. E tinha mostrado sinais de sucesso como cirurgiã, executando com perfeição duas cirurgias cardíacas muito complicadas. Meu marido tinha orgulho de mim, e todos os nossos amigos eram muito inteligentes, bem-sucedidos, homens e mulheres interessantes. No entanto, quando o Dibs nasceu, estragou todos os nossos planos e a nossa vida, e eu senti que havia falhado terrivelmente. Decidi renunciar ao meu trabalho; alguns dos meus amigos mais próximos no trabalho não compreenderam minha atitude nem minha decisão. Eu não contei a eles sobre o Dibs. Ah, claro que sabiam sobre a minha gravidez, mas não sobre o Dibs. Logo ficou evidente que o Dibs não era uma criança normal. Já era difícil o suficiente ter um filho, mas ter um filho mentalmente retardado era mais do que nós podíamos suportar. Estávamos envergonhados e humilhados. Jamais tinha havido nada parecido com isso em nenhuma das nossas famílias. O meu marido, famoso no país inteiro por sua genialidade, e meu próprio histórico de conquistas extraordinárias. Todo o nosso respeito e estima tinham sido intensamente inclinados na direção da inteligência: conquistas intelectuais finas, precisas, notáveis!

"E as nossas famílias. Nós dois crescemos em famílias em que essas qualidades eram valorizadas acima de todas as outras. E daí o Dibs! Tão peculiar. Tão distante. Tão intocável. Não falava. Não brincava. Lento para começar a andar. Atacando as pessoas como um bicho selvagem. Nós sentíamos tanta vergonha. Não quisemos que nenhum dos nossos amigos soubesse sobre ele. Nós nos excluímos socialmente cada vez mais, porque, se continuássemos a nos relacionar com os nossos amigos, naturalmente eles iriam querer ver o bebê. E nós não queríamos que ninguém o visse. Estávamos tão envergonhados. E eu perdi toda a autoconfiança. Não podia seguir trabalhando, sentia que jamais seria capaz de fazer uma cirurgia de novo!

"Não havia lugar para onde pudéssemos mandá-lo. Tentamos resolver o problema da melhor forma possível. Não queríamos que ninguém soubesse sobre ele. Eu o levei a um neurologista na Costa Oeste e usei um nome falso. Não queríamos que ninguém soubesse de nossas suspeitas.

No entanto, o neurologista não encontrou nada de organicamente errado com o Dibs. Depois, pouco mais de um ano atrás, nós o levamos a um psiquiatra, de novo longe daqui, pensamos que deixaríamos o Dibs naquela casa para um diagnóstico psiquiátrico e psicológico. Eu sentia que o Dibs era esquizofrênico, autista ou talvez deficiente intelectual e que seus sintomas sugeriam alguma lesão cerebral irreversível. Esse psiquiatra insistiu em nos atender, ao meu marido e eu, por diversas consultas. Foi a única vez em que revelamos nossa verdadeira identidade a qualquer médico com quem nos consultamos sobre o Dibs. Foi uma experiência chocante. O psiquiatra nos entrevistou e vasculhou nossas vidas pessoais e privadas sem piedade. Quando nós sentimos que eles estavam indo muito além de qualquer necessidade profissional, com suas perguntas, os assistentes sociais nos disseram que estávamos sendo hostis e resistentes. Eles pareciam ter um prazer sádico naquela perseguição insensível e cruel.

"O psiquiatra nos disse que, em face das nossas trajetórias, ele seria muito franco conosco. Disse que o Dibs não era mentalmente defeituoso, nem psicótico, nem tinha o cérebro lesionado, e sim era a criança mais rejeitada e emocionalmente carente que ele jamais havia visto. Sugeriu que meu marido e eu éramos os que precisavam de ajuda e indicou um tratamento para os dois. Foi a experiência mais chocante que qualquer um de nós já teve. Qualquer um podia ver que meu marido e eu funcionávamos adequadamente. Nunca fomos propensos a uma vida social livre e farta, mas os poucos amigos e os colegas de trabalho nos respeitavam e respeitavam nosso desejo de levar nossa vida privada do nosso próprio jeito! Nós jamais havíamos tido nenhum problema pessoal que não pudéssemos enfrentar sozinhos.

"Trouxemos o Dibs de volta para casa e seguimos com a vida o melhor que pudemos. Mas aquilo quase destruiu nosso casamento.

"Nunca mencionamos essa experiência para ninguém, nem contamos às nossas famílias, nem contamos na escola. Mas meu marido se afastava cada vez mais. Dorothy nasceu um ano depois do Dibs, e eu pensei que um irmãozinho poderia ajudá-lo, mas eles nunca se deram bem. No entanto,

Dorothy sempre foi uma criança perfeita, e isso prova que a falha não é nossa. Depois, enviamos Dibs para a escola particular onde você o encontrou pela primeira vez.

"Digo-lhe que ninguém sabe a terrível tragédia e a agonia que é ter um filho com deficiência mental! A única pessoa com quem ele conseguiu se relacionar foi a avó. Ela ficou conosco durante o primeiro mês de vida dele e nos visitou uma vez por mês durante três anos, até que se mudou para a Flórida. Depois disso, ela vinha duas vezes por ano e ficava por um mês a cada vez. O Dibs sempre parecia se lembrar dela, sempre ficava bem quando ela vinha, sentia falta dela desesperadamente quando ela ia embora e parecia contar os dias até a data em que ela voltaria.

"Eu fiz tudo o que pude pelo Dibs. Nós lhe demos tudo que o dinheiro pode comprar, esperando que isso pudesse ajudar: brinquedos, música, jogos, livros. O quarto de brinquedos dele está cheio de tudo o que pensamos que pudesse entreter, educar e divertir o Dibs. Às vezes, ele parecia estar contente em seu quarto em casa, mas sempre parecia mais contente sozinho. Foi por isso que mandamos a Dorothy para um internato perto daqui. Ela vem para casa aos finais de semana e durante as férias. Acredito que o Dibs é mais feliz com ela fora de casa, e que ela é mais feliz no internato. Infelizmente, eles não se dão bem. O Dibs a ataca como um animal selvagem se ela se aproxima dele ou entra no quarto dele.

"De uns tempos para cá, ele parece tão infeliz. E parece ter mudado. Então, ontem, quando meu marido levou o Dibs para casa, estava aborrecido. Os dois estavam aborrecidos. Ele disse que o Dibs estava tagarelando feito um idiota. Ele disse isso na frente do Dibs."

Ela desmoronou e chorou amargamente.

– Então, eu perguntei o que o Dibs tinha falado, e ele só respondeu que o Dibs estava tagarelando feito um idiota! Nisso, Dibs atravessou a sala, agarrou uma cadeira e a jogou longe, derrubando algumas coisas da mesinha de centro com um golpe de mão, e berrou para o pai: "Eu te odeio! Eu te odeio!". Ele correu até o meu marido e o chutou muitas e muitas vezes. Meu marido agarrou o Dibs e, depois de certa luta, finalmente o levou para cima e o trancou no quarto. Quando meu marido desceu, eu estava chorando. Não pude evitar. Eu sei que ele não gosta de cenas. Eu sei que ele despreza choro. Mas não aguentei. Eu disse a ele: "O Dibs não estava tagarelando feito um idiota agora. Ele disse que odeia você!". Então, meu marido se sentou em uma cadeira e chorou! Foi terrível. Eu nunca tinha visto um homem chorar antes. Eu nunca achei que algo pudesse levar meu marido a derramar uma lágrima. Fiquei com medo, fiquei apavorada, porque ele parecia estar tão assustado quanto eu. Acho que naquele momento estivemos mais próximos do que jamais tínhamos estado antes. De repente, éramos duas pessoas amedrontadas, solitárias e infelizes, com nossas defesas esmagadas e abandonadas. Foi terrível e, no entanto, um alívio saber que nós podíamos ser humanos, podíamos falhar e admitir que havíamos falhado! Finalmente, nós nos recompomos, e ele disse que talvez tivéssemos nos enganado sobre o Dibs. Eu respondi que viria aqui e perguntaria o que você acha do Dibs.

Ela me olhou com medo e pânico nos olhos.

– Diga-me, você acha que o Dibs é deficiente mental?

– Não – respondi, respondendo à pergunta dela e não dizendo nada além do que ela pedia para ouvir. – Eu não acho que Dibs tenha alguma deficiência intelectual.

Houve uma longa pausa. Ela suspirou profundamente.

– Você... acha que ele vai ficar bem, que vai aprender a agir como as outras crianças?

– Acredito que sim. Mas, mais importante, acho que *a senhora* será capaz de responder a essa pergunta por si mesma, com muito mais exatidão do que eu, já que vive com ele em casa, conversa com ele, brinca com ele e o observa. Acho que a senhora provavelmente poderia tentar responder a isso agora – eu disse.

Ela assentiu lentamente.

– Sim – ela disse, e sua voz baixara para pouco além de um sussurro. – Eu observei muitas coisas no Dibs que indicam que ele tem alguma habilidade. Mas ele parece tão triste quando se expõe mais em casa. Ele não tem mais aqueles ataques horrorosos de birra, nem em casa nem na escola. Aquela cena de ontem não era birra, era um protesto contra o insulto que ele deve ter sentido no comentário do pai. Ele também não chupa mais o polegar o tempo todo. Ele está falando cada vez mais, mas com ele mesmo, não conosco, exceto pela explosão contra o pai. Ele está mudando, está melhorando. Espero que ele fique bem! – ela disse, fervorosamente.

– Eu também espero – respondi, e houve um longo silêncio.

Por fim, ela tirou o pó compacto da bolsa e empoou o rosto.

– Não me lembro da última vez que chorei desse jeito – ela disse, e apontou para a caixa de lenços. – Mas você parece estar preparada, então, provavelmente não sou a única que chora no seu ombro.

– Não. A senhora tem muita companhia.

Ela sorriu. Ela e Dibs tinham tantos pequenos maneirismos em comum.

– Nem posso lhe dizer quanto agradeço por isso – ela disse. – Não parece possível que uma hora já tenha passado. Mas ouvi os sinos, são onze horas.

Eu não teria me surpreendido se àquela altura ela tivesse dito que não queria ir para casa!

– O tempo às vezes parece voar aqui – eu disse.

– Sim. – Ela se levantou e vestiu o casaco. – Obrigada por tudo – ela disse, e foi embora.

Não importa quantas vezes nós ouvimos esse tipo de desabafo, que acontece frequentemente, a complexidade da motivação e do comportamento humano é demonstrada repetidamente. Não existe uma única experiência isolada ou um sentimento único que dispare padrões de reação. Há sempre um acúmulo de experiências entrelaçadas com emoções, objetivos e valores altamente pessoais, que motivam a pessoa e determinam sua reação. O que ela dissera como introdução da história: "Tanta coisa a dizer. E tanta a não dizer! Algumas coisas são melhores não ditas. Mas tantas coisas não ditas podem se transformar em um fardo".

Ela tinha conhecimento dos elementos que tão intensamente pesavam sobre a própria consciência. Tinha provavelmente mais conhecimento das coisas que queria deixar não ditas, levada a um conhecimento ainda maior delas pela vigilância constante que mantinha para proteger o segredo deles. Provavelmente ela e o marido haviam aprendido cedo na vida que sua inteligência penetrante poderia ser levantada como um escudo ao redor deles, poderia isolar ambos das emoções que eles nunca tinham aprendido a entender e usar construtivamente.

Dibs também havia aprendido a se proteger por meio de um comportamento evasivo. Ele desenvolveu a habilidade de ler tudo ao seu redor e mostrar essa habilidade como forma de evitar confrontos emocionais diretos. Essa era uma forma de autoproteção.

A mãe e o pai dele ainda eram vítimas das respectivas faltas de autocompreensão e de maturidade emocional. Eles sentiam agudamente sua inabilidade de se relacionar afetivamente com Dibs. E provavelmente com Dorothy. Eles estavam se debatendo das profundezas de seus sentimentos de inadequação e de insegurança.

Quando ela me perguntou se eu achava que Dibs tinha uma deficiência intelectual, eu poderia ter-lhe dito enfaticamente que Dibs não era, em absoluto, um garoto com deficiência; mais provavelmente, era uma criança de inteligência superior. No entanto, ter feito tal avaliação naquele momento poderia ter sido contraproducente. Poderia ter intensificado a sensação de culpa que havia sido sugerida pela cena que ela descrevera entre Dibs e o pai, e pelas reações dela no dia anterior. E, se a mãe e o pai de Dibs aceitassem a minha avaliação, poderiam se concentrar nos dotes intelectuais de Dibs como o ponto central do desenvolvimento dele. Ele vinha usando totalmente sua inteligência. Era a falta de equilíbrio em relação ao seu desenvolvimento integral que criava o problema. Ou talvez, de modo inconsciente, os pais optaram por enxergar Dibs como tendo uma deficiência em vez de vê-lo como uma personificação intensificada da inadequação emocional e social deles. Era tudo especulação.

O ponto central do problema não era um diagnóstico racional das razões por trás do comportamento deles, embora muitas pessoas considerem isso um princípio básico para melhorar o desenvolvimento pessoal. Muitas pessoas acreditam que, se você compreende *por que* faz e sente de determinada forma, consegue mudar essa forma. No entanto, eu muitas vezes pensei que, com tal compreensão, as maiores mudanças são geralmente no comportamento externo e que, aos poucos, elas provocam mudanças de motivação e de sentimentos. Eu penso que é necessário mais tempo para chegar a esse tipo de mudança. E, às vezes, a mudança parece exigir uma intensa preocupação com o eu, o que distorce o foco do lugar do indivíduo em sua relação com os outros, tornando seu mundo mais autocentrado, ainda que suas atividades externas possam tentar disfarçar isso.

Existem diversas formulações teóricas quanto à estrutura da personalidade e à terapia. Isso explica os diferentes métodos empregados em psicoterapia, porque o método é a implementação de uma formulação teórica básica.

No que diz respeito à mãe de Dibs, pareceu improvável que ela pudesse não ter consciência dos dotes intelectuais do filho, ao menos em certa medida. Dada a experiência integral dela, o triunfo intelectual por si só não tinha sido uma resposta muito satisfatória. Era provável que seu fracasso em se relacionar com o filho com amor, respeito e compreensão se devia à sua própria carência emocional. Quem consegue amar, respeitar e compreender outra pessoa sem ter tido essas experiências básicas em relação a si mesmo? Pareceu-me que teria sido mais útil para ela aprender, naquela reunião, que era respeitada e compreendida, mesmo que tal compreensão fosse, por força das circunstâncias, um conceito mais generalizado que aceitava o fato de que ela tinha razões para fazer o que fez, que tinha a capacidade para mudar, que as mudanças deveriam partir de si mesma e que todas as mudanças – dela, do marido e de Dibs – eram motivadas por muitas experiências acumuladas. Como ela havia dito: "Duas pessoas amedrontadas, solitárias e infelizes, com suas defesas esmagadas e abandonadas... Um alívio saber que nós podíamos ser humanos, podíamos falhar e admitir que havíamos falhado!".

CAPÍTULO NOVE

Dibs chegou à brinquedoteca muito contente na quinta-feira seguinte. A mãe havia telefonado para perguntar se seria possível que ele começasse quinze minutos antes, porque ela precisava levá-lo ao pediatra para tomar algumas vacinas. Assim ficou combinado.

Quando Dibs entrou na brinquedoteca, disse:

– Hoje é o dia de ver o médico pra vacina. A consulta foi marcada.

– Sim. Eu sei – respondi. – Bem, você chegará lá a tempo.

– Fiquei muito contente com a mudança de horário – ele disse, sorrindo para mim.

– Ficou? Por quê?

– Estou contente porque me *sinto* contente – ele me disse, e isso encerrou o assunto. Ele andou até a casa de bonecas. – Vejo que tenho um trabalho a fazer.

– E qual é?

– Este – ele respondeu, apontando para a casa de bonecas. – Consertar e trancar. Trancar a porta! Fechar as janelas. – Ele foi até a janela da brinquedoteca e olhou para fora. Olhou de volta para mim. – Tem sol. Está muito, muito quente lá fora hoje. Vou tirar as minhas coisas.

Ele tirou o chapéu, o casaco e a perneira sem nenhuma ajuda, levou as peças até a porta e as pendurou na maçaneta.

– Eu gostaria muito de pintar hoje.

– Bem, isso é você que decide – respondi.

– É. Eu que decido. – Ele foi até o cavalete. – Vou tirar as tampas e enfiar um pincel em cada cor. Agora, eu vou colocar em ordem. Vermelho. Laranja. Amarelo. Azul. Verde – ele disse, e espiou para trás, na minha direção. – Algumas coisas eu decido. Outras, não – ele comentou, vivamente.

– Sim. Acho que é verdade – respondi.

– *É* verdade – ele respondeu, enfaticamente. Continuou a ordenar as tintas na sequência cromática. Depois, começou a pintar riscos no papel.

– Ixi! Essa tinta escorre – ele disse. – Lápis de cor não escorre, eles ficam onde você põe. Mas as tintas? Não. Elas escorrem. Eu vou pintar uma mancha laranja. Está vendo como escorre? Agora, uma faixa de verde. E já está pingando. Já que escorre, eu vou enxugar.

Ele se levantou e tamborilou na parede espelhada.

– Lá é a sala de outra pessoa – ele disse. – Antes, tinha gente sentada naquela sala escura, mas hoje, não.

Fiquei surpresa com o anúncio inesperado.

– Você acha isso, é? – perguntei.

– Eu *sei*. Barulhinhos e cochichos me contaram.

Esse fragmento de evidência demonstra quão atentas as crianças são em relação às coisas ao seu redor, mesmo que não façam nenhum comentário na hora – isso vale tanto para Dibs quanto para todas as crianças. E vale para nós também. Nós não comentamos verbalmente sobre tudo o que ouvimos, vemos, pensamos, inferimos. Provavelmente, apenas uma porcentagem muito pequena das nossas experiências individuais de aprendizado é verbalmente informada aos outros.

– Você também sabia disso? – ele me perguntou.

– Sim – respondi.

Ele voltou ao cavalete e pintou mais riscos coloridos no papel.

– Esses são os riscos e as faixas dos meus pensamentos – ele disse.

DIBS EM BUSCA DE SI MESMO

– São?

– São. E agora eu vou tirar os combatentes. Especialmente aquele um em particular!

Quando ele foi do cavalete para a caixa de areia, parou ao meu lado e espiou minhas anotações. Eu tinha abreviado os nomes das cores que ele usara, anotando somente a primeira letra de cada palavra. Dibs estudou minhas anotações, que eram apenas registros de suas ações, não de suas palavras. As palavras estavam sendo gravadas pelos observadores que monitoravam o gravador.

– Ah, escreva tudo – disse Dibs. – V é pra vermelho. V-E-R-M-E-L-H-O é vermelho. L é pra laranja. L-A-R-A-N-J-A. A é pra amarelo. A-M-A-R--E-L-O. – E ele soletrou todas as cores dessa forma.

– Porque você sabe soletrar os nomes das cores, acha que eu devo fazer assim também? – perguntei a ele. – Não acha que eu deveria abreviar, se eu quiser abreviar?

– Hummmm. Bem, acho. Não faça isso com elas. Sempre faça as coisas direito. Soletre tudo. Faça direito.

– Por quê? – perguntei.

Dibs me encarou e sorriu.

– Porque eu estou mandando – ele disse.

– Isso é razão suficiente?

– É – Dibs disse. – A não ser que você prefira fazer do seu jeito. – Ele riu.

Ele foi até a mesa, tirou uma porção de argila do pote, jogou para o alto, pegou, recolocou no pote. Havia um pequeno desenho no chão ao lado da lixeira. Ele apanhou e olhou.

– Ah, olhe – ele comentou. – Eu quero isso. Eu quero recortar isso, essas figurinhas aqui. Onde está a tesoura?

Eu lhe entreguei a tesoura, e ele recortou a figura. Depois, andou até a casa de bonecas.

– Tenho um trabalho pra fazer hoje – ele anunciou.

– Tem?

– Tenho.

Com cuidado, ele removeu todas as paredes da casa de bonecas e as levou para a caixa de areia. Pegou uma pá e cavou um buraco profundo na areia, enterrando as paredes. Depois voltou para a casa de bonecas com uma pá de metal robusta, arrancou a porta e a enterrou na areia. Ele trabalhou rápido, de forma silenciosa, eficaz e com toda a atenção. Quando concluiu a tarefa, olhou para mim.

– Eu me livrei de todas as paredes e da porta – ele disse.

– Sim. Vejo que se livrou.

Então ele pegou a parede frontal da casa, que agora tinha um buraco no lugar da porta, e tentou erguê-la na areia. Depois de algumas tentativas, finalmente conseguiu. Em seguida, escolheu um carrinho e o empurrou pela areia. Ele se empoleirou na borda da caixa de areia, inclinado, numa posição que parecia estranha e desconfortável, enquanto analisava a situação.

– Eu vou ter que entrar completamente na caixa de areia – ele disse, sentando-se no centro da caixa. Em seguida, olhou para mim e sorriu. – Hoje, eu entrei na areia. De pouquinho em pouquinho, eu entrei na areia. Só um pouco de cada vez, antes da última vez, na última vez, e agora desta vez.

– Sim, você entrou mesmo – respondi. – E agora, hoje, você entrou totalmente.

– A areia está entrando nos meus sapatos – ele comentou. – Então, eu vou tirar os sapatos.

Então, ele tirou um sapato e enfiou o pé profundamente na areia. Depois, virou-se e deitou de bruços na areia. Esfregou o rosto na areia, pôs a língua para fora e provou a areia. Moeu areia entre os dentes e olhou para mim.

– Ah, esta areia é áspera e afiada e não tem gosto de nada. É assim o gosto do nada? – Ele pegou um punhado de areia e despejou sobre a cabeça, esfregou areia no cabelo. Ele riu alto. De repente, levantou o pé no ar. – Olhe! – ele gritou. – Tem um furo na minha meia. Tenho uma meia furada em um pé!

– Estou vendo – comentei.

Dibs se esticou totalmente na caixa de areia e rolou. Ele serpenteou na areia e com as mãos despejou punhados de areia sobre si. Seus movimentos eram livres, expansivos, relaxados.

– Me dê a mamadeira – ele ordenou. Entreguei. – Vou fazer de conta que aqui é meu berço, vou me enrolar numa bola bonita e aconchegante e fazer de conta que eu sou um bebê de novo.

E assim ele fez, sugando alegremente a mamadeira. Subitamente se sentou, sorrindo para mim.

– Eu vou cantar pra você – ele anunciou. – Vou inventar uma música e cantar pra você. Tá bom?

– Tá bom – respondi.

Ele ficou sentado ali, de pernas cruzadas.

– Eu estou pensando – ele disse.

– Tá bom. Pense, se tem vontade de pensar.

Ele riu.

– Vou compor as palavras conforme for indo – ele disse.

– Está bem.

Ele inspirou profundamente e começou a cantar. Pareceu estar inventando a melodia também. Sua voz era límpida, harmoniosa e doce. A melodia apresentava um contraste em relação às palavras. Suas mãos estavam entrelaçadas. A expressão era séria, e ele parecia um menininho de coral. As palavras, porém, não eram palavras de um menino de coral.

– Ah, eu odeio, odeio, odeio – ele cantou. – Eu odeio as paredes e portas que trancam, e as pessoas que prendem você. Eu odeio as lágrimas e as palavras bravas e eu vou matar todas elas com a minha machadinha e martelar os ossos delas e cuspir nelas. – Ele remexeu a areia, pegou um boneco de soldado, golpeou-o com a machadinha de borracha e cuspiu nele. – Eu cuspo na sua cara. Eu cuspo no seu olho. Eu enfio você de ponta-cabeça bem fundo na areia – ele cantou. Sua voz soava doce e límpida. – E os passarinhos voam do leste para o oeste, e é um passarinho que eu quero ser. Então voarei para longe, por cima das paredes, para fora das portas, para longe, longe, longe de todos os meus inimigos. Voarei e voarei ao redor do mundo e voltarei para a areia, para a brinquedoteca. Vou brincar na areia. Vou contar todos os grãos da areia e vou ser um bebê de novo.

Ele sugou a mamadeira outra vez. Sorriu para mim.

– O que achou da minha música?

– Foi uma música e tanto – respondi.

– É, uma música e tanto. – Ele saiu da caixa de areia, andou até mim, olhou meu relógio. – Mais dez minutos – ele disse, e levantou dez dedos.

– Sim. Mais dez minutos.

– *Você* acha que vão ser mais dez minutos, e daí vai ser hora de ir para casa – ele disse.

– Isso mesmo. Isso é o que *eu* acho – respondi. – O que *você* acha?

– A-há! – ele exclamou. – Você quer saber? Bem, eu acho que logo vai ser hora de ir embora. Vou tirar o resto dos combatentes. Esses dois têm armas. E esse avião parece um passarinho. Avião, voe. Ah, avião cheio de areia. Voe por aí. Voe por aí. Voe até o céu! – Ele correu pela brinquedoteca segurando o avião no alto, movendo-se com graça e ritmo. – Ah, avião, me conte! Como você consegue voar? Você consegue voar até o céu tão, tão azul? Consegue voar para além do céu? Até as nuvens e os ventos que seguram bem forte a chuva lá em cima? Você consegue? Me conte, lindo avião, você consegue voar? Ah, avião…

Abruptamente, ele interrompeu toda a atividade. Apurou os ouvidos e deixou cair o avião na areia. De repente, toda a exuberância e alegria pareciam ter sido varridas dele.

– Lá está a Dorothy – ele disse.

Foi até a caixa de areia, entrou e com a pá desenterrou a porta e as paredes da casa de bonecas.

– Essas não podem ser enterradas ainda – ele disse. Olhou para mim, a aflição comprimindo seus lábios, franzindo sua testa. – Agora, mais nove minutos? – ele perguntou, a voz achatada pela tristeza.

– Não. Só faltam mais cinco minutos – eu disse a ele.

– Oh? – disse Dibs, erguendo cinco dedos. – Pra onde foram os outros quatro?

– Você não achou que quatro minutos haviam passado?

– Logo vai ser hora de ir pra casa – Dibs disse. – Mesmo que eu não queira ir pra casa. Mesmo assim, a hora vai chegar e nos diz que isso está acabando.

– Sim. Mesmo assim, o horário chega ao fim.

Dibs em busca de si mesmo

Houve o ruído do caminhão partindo.

– Lá vai nosso caminhão – disse Dibs. – Você escutou?

– Eu escutei.

– É hora de o caminhão ir pra casa também.

– Sim, acho que sim.

– O caminhão pode não querer ir pra casa também – disse Dibs.

– Isso é possível – falei.

– Quantos minutos faltam? – Dibs perguntou.

– Três minutos.

Dibs segurou nas mãos a porta da casa de bonecas e olhou para ela.

– Vou ter que colocar isso de volta na casa de bonecas e trancar todas as janelas – ele disse. – Onde está o martelo para pregar a porta?

– Não tem nenhum aqui neste momento – eu disse. – Deixe na prateleira; ou na casa de bonecas se quiser. Mais tarde o zelador põe de volta.

Dibs a colocou na mesa, mas depois mudou de ideia, pegou-a de volta e colocou na casa de bonecas. Ele fechou as janelas da casa de bonecas.

– Me ajude com o sapato – ele disse, entregando-me o sapato e se sentando em uma cadeirinha enquanto eu calçava para ele. – Me ajude com o chapéu e o casaco – ele disse, ficando de repente muito desamparado.

Eu o ajudei.

– As pessoas estão todas na casa dormindo – ele disse. – E lá fora é noite de começo de primavera. Hora escura e de dormir e eles dormem e dizem que eles vão dormir e dormir de novo, dormir aqui onde às vezes é quente e às vezes frio, mas sempre seguro. Dorme e espera. Dorme e espera. E põe na casa deles outro tipo de porta. Uma porta que abre pra dentro e pra fora. Uma porta que abre sempre que você anda até ela. Sem tranca. Sem chave. Sem estrondo. E agora eu vou dar tchau – Dibs acrescentou, parado à minha frente, fitando-me muito sério.

– E não esqueça. Eu vou voltar depois!

– Sim – respondi. – Você vai voltar depois. Não vou me esquecer.

Dibs reparou em uma figurinha de animal recortada na lixeira.

– Eu quero isso – ele disse, apanhando o recorte. – Posso ficar com ele?

– Sim.

Dibs guardou a figura no bolso.

– Diga: "Sim, Dibs, você pode levar isso pra casa. Se é isso que *você*, Dibs, quer, então está tudo bem".

– Sim, Dibs, você pode levar para casa – eu repeti, depois dele. – Se é isso que *você* quer, Dibs, então está tudo bem.

Dibs sorriu. Ele esticou o braço e afagou minha mão com tapinhas.

– Isso é *bom* – disse.

Ele abriu a porta, deu um passo no corredor, depois voltou e olhou para o meu relógio. Voltou à porta e a fechou com um estrondo.

– Não – ele disse. – Não está na hora. São só quinze para as quatro. Eu vou esperar até o sino da igreja tocar!

– Você veio mais cedo, hoje, então vai embora mais cedo. Você ficou aqui por uma hora inteira.

Dibs me encarou sem piscar por um longo minuto.

– Minha vinda foi mais cedo, mas minha hora de ir vai ser a mesma – ele anunciou.

– Não. Hoje, a hora de ir vai ser mais cedo também – eu disse.

– Ah, não. Eu vim mais cedo, mas não vou embora mais cedo.

– Sim, vai. Porque hoje você vai ao médico. Lembra-se?

– Me lembrar não tem nada a ver com isso – ele disse.

– Você apenas não quer ir agora – eu disse. – Mas…

– Isso mesmo – Dibs me interrompeu para dizer. Lançou-me um longo olhar de avaliação.

– Você não tem certeza sobre isso? – perguntei.

Ele suspirou.

– Acho que tenho. Tá bom. Eu vou embora, agora. Eu só espero que o médico enfie a agulha na Dorothy e espero que machuque até ela gritar e gritar. E por dentro eu vou dar risada e vou ficar contente que ela sinta dor. E eu vou fingir que não me incomoda nem um pouco. Tchau. Vejo você na próxima quinta.

Dibs percorreu o corredor até a recepção, onde a mãe e Dorothy estavam à espera dele. Ele ignorou a irmã, pegou a mão da mãe e partiu do Child Guidance Center sem dizer uma palavra a ninguém.

CAPÍTULO DEZ

Quando Dibs veio, na semana seguinte, andou até a brinquedoteca com passos leves e relaxados. Ele parou em frente à porta e inverteu a pequena tabuleta.

– Não perturbe, por favor – ele disse.

Ele entrou na brinquedoteca, tirou o chapéu e o casaco e os pendurou na maçaneta. Sentou-se na borda da caixa de areia e tirou os sapatos. Colocou-os no chão, debaixo do casaco. Reuniu as quatro armas que tinham sido espalhadas pela sala e as levou para o teatro de marionetes. Ele saiu, pegou o chapéu e o casaco e os levou para o teatro de marionetes. Em seguida, pegou um avião de brinquedo com uma hélice quebrada e se sentou à mesa para consertar.

Então, ele pegou a caixa de animais e explorou as figuras, nomeando os animais. Depois foi até a caixa de areia, entrou, examinou a casinha que estava ali.

– Sabe, eu vi uma casinha igual a esta em uma loja de ferragens na Avenida Lexington – ele anunciou.

– Viu?

– Vi, sim. Era exatamente como esta, do mesmo tamanho, mesma cor e feita de metal. Dois dólares e noventa e oito centavos, esse era o preço.

– Ele virou a casa de ponta-cabeça. – Elas vêm achatadas em uma caixa. Daí você monta. Exatamente como esta. – Com o indicador, ele deu um piparote no metal. – É um pedaço fino de metal.

Ele olhou para o radiador.

– Está quente aqui hoje – ele disse. – Eu vou desligar o radiador.

Ele se inclinou por cima do aparelho e o desligou.

– Tinha muitos brinquedos na loja de ferragens – ele disse. – Tinha um caminhãozinho muito parecido com este. – Ele segurou um dos caminhões de brinquedo para que eu visse. – Um caminhão basculante com uma pequena alavanca que você podia girar pra cima, pra despejar a areia.

– Um caminhão como esse?

Dibs parecia estar ganhando tempo por uma razão ou outra, mas parecia estar bem tranquilo.

– Bem parecido com este. Mas não exatamente igual. Eu diria que era quase do mesmo tamanho. E o mecanismo era como este. Mas não era pintado da mesma cor, e tinha um nome escrito do lado. Era feito de um metal mais pesado. Eles estavam pedindo um dólar e setenta e cinco centavos por aquele na loja.

Ele preencheu o caminhãozinho com areia, girou a alavanca, elevou a caçamba, despejou a areia, baixou a caçamba à posição inicial e repetiu essa atividade diversas vezes. Um monte de areia começou a tomar forma à frente dele enquanto fazia isso.

– Vou fazer uma colina para eu escalar – ele disse. – Eu podia brincar de homens que vão lutar.

Dibs pulou para fora da caixa de areia, correu pela brinquedoteca e pegou o tambor. Em seguida, ele sentou na borda da caixa de areia e começou a bater no tambor com as baquetas.

– Engraçado, tambor engraçado – ele disse. – Ah, tambor, tão cheio de sons. Sons lentos. Sons rápidos. Sons suaves. Bumbum, bumbum faz o tambor. Lute, lute, lute, diz o tambor. Venha, venha, venha, diz o tambor. Siga-me, siga-me, siga-me.

Ele pousou o tambor cuidadosamente na beirada da caixa de areia, entrou de volta nela e começou a construir uma colina na areia.

DIBS EM BUSCA DE SI MESMO

– Vou começar a trabalhar agora, vou fazer uma colina bem alta. Uma colina muito, muito alta. E todos os soldados lutam para chegar ao topo, eles querem *muito* subir essa colina. – Rapidamente Dibs construiu sua colina, selecionou alguns dos soldados de brinquedo e os posicionou em vários pontos, aparentemente escalando a colina.

– Eles parecem querer subir até o topo da colina, não é? – perguntei.

– Ah, sim. Eles querem mesmo.

Ele reuniu todos os soldadinhos que conseguiu encontrar e os posicionou ao redor da colina que havia construído.

– Vou pegar mais e mais soldados e deixar que eles tentem subir essa colina, até bem lá no alto dela. Porque eles sabem o que tem lá bem no alto, se pelo menos eles conseguissem chegar até o topo. E eles querem tanto chegar ao topo.

Ele me fitou. Seus olhos brilhavam.

– Sabe o que tem no topo da colina? – perguntou.

– Não. O quê?

Dibs riu espertamente, mas ocultou seu plano. Moveu cada soldado lentamente, apenas um pouquinho, em direção do topo da colina. Mas, depois de ter deslocado todos os soldados uma fração de centímetro em direção ao objetivo, ele despejou mais areia por cima da colina, tornando-a um pouco mais alta. Em seguida, virou cada soldado e, lentamente, um por um, ele os fez marchar para a pequena casa de metal que estava na caixa de areia.

– Não conseguiram chegar ao topo hoje – ele disse. – Eles voltam todos para a casa deles. Eles se viram e acenam. Tristes, eles acenam. Eles queriam chegar ao alto da colina. Mas hoje nenhum deles conseguiu fazer isso.

– E eles ficaram tristes porque não conseguiram o que tanto queriam fazer? – eu comentei.

– Sim – Dibs suspirou. – Eles queriam e tentaram, mas não conseguiram. Mas eles encontraram a montanha deles. E escalaram a montanha. Pra cima. Pra cima. Pra cima. Um caminho bem comprido! E por um tempo eles *pensaram* que iam chegar ao topo. E, enquanto eles *pensaram* que iam conseguir, eles ficaram felizes.

– Só tentar chegar ao topo da colina os fez felizes? – perguntei.

– É – disse Dibs. – É assim com as colinas. Você já escalou uma colina?

– Já. E você, Dibs?

– Já. Uma vez só. Eu não cheguei ao topo dela – ele acrescentou, pensativamente. – Mas eu fiquei na base e olhei pra cima. Eu acho que toda criança deveria ter uma colina toda dela para escalar. E acho que toda criança deveria ter uma estrela no céu que fosse só dela. E também acho que toda criança deveria ter uma árvore que fosse dela. É assim que eu *penso* que deveria ser – ele acrescentou, e me fitou e assentiu enfaticamente enquanto falava.

– Essas coisas parecem importantes para você, não?

– Sim. Muito importantes.

Ele pegou a pá de metal e, silenciosa e intensamente, cavou um buraco profundo na areia. Então, reparei que ele havia escolhido e posto de lado um dos soldados de brinquedo. Quando terminou de cavar o buraco, ele cuidadosamente colocou o soldado no fundo do buraco e jogou uma pá de areia por cima. Quando a cova estava preenchida, ele alisou a superfície com o verso da pá.

– Este aqui acaba de ser enterrado – ele anunciou. – Ele não teve a chance de tentar escalar aquela colina. E, é claro, não chegou ao topo. Ah, ele queria. Ele queria estar com os outros. Ele queria ter esperança também. Ele queria tentar. Mas ele não teve chance. Ele foi enterrado.

– Então esse foi enterrado – comentei. – Ele não teve a chance de escalar a colina. E ele não chegou ao topo.

– Ele foi enterrado – Dibs me contou, inclinando-se na minha direção enquanto falava. – E não só foi enterrado, eu também vou fazer outra colina bem grande, alta e forte em cima daquela cova. Ele nunca, nunca, nunca vai sair daquela cova. Ele nunca, nunca, nunca vai ter a chance de escalar nenhuma colina de novo!

Dibs reuniu areia com largos gestos das mãos e fez uma colina por cima da cova que tinha escavado, onde o soldado de brinquedo tinha sido enterrado. Quando a colina ficou pronta, ele espanou a areia das mãos, sentou-se de pernas cruzadas e ficou olhando para ela.

DIBS EM BUSCA DE SI MESMO

– Esse era o papai – ele disse, tranquilamente, saindo da caixa de areia.

– Foi o papai que foi enterrado debaixo da colina? – perguntei.

– Sim – Dibs respondeu. – Foi o papai.

Os sinos da igreja começaram a tocar, e Dibs contou as badaladas conforme marcavam as horas.

– Um. Dois. Três. Quatro. Quatro horas – ele disse. – Eu tenho um relógio em casa que sabe dizer a hora.

– Tem? – respondi. – E você sabe dizer as horas também.

– Sim. Tem muitos tipos diferentes de relógios. Alguns você dá corda. Alguns são elétricos. Alguns têm alarme. Alguns tocam sino.

– E que tipo de relógio é o seu? – perguntei.

Dibs parecia estar se afastando do "papai enterrado" com aquele discurso racional sobre relógios. Eu estava disposta a acompanhá-lo, pois sabia que levaria tempo para que ele pudesse processar seus sentimentos em relação ao pai. Se parecesse que ele estava ultrapassando seus limites ou se parecesse estar um pouco assustado com o que acabara de encenar e buscando um refúgio na segurança de uma conversa sobre coisas materiais, como relógios, eu não iria forçá-lo a examinar seus próprios sentimentos. Ele já havia expressado algumas declarações bastante claras e emocionais durante a brincadeira.

– O meu é um despertador com sinos – ele disse. – Eu dou corda nele. Eu também tenho um relógio de pulso e um rádio-relógio.

Ele pegou o tambor e bateu lentamente.

– Estou batendo tambor pelo papai.

– Então essas batidas lentas são para o papai?

– São.

– O que o tambor está dizendo agora? – perguntei.

Dibs batia lenta e deliberadamente.

– Dorme. Dorme. Dorme – ele disse. – Dorme. Dorme. Dorme. Dorme. DORMEDORMEDORMEDORMEDORMEDORME! – conforme verbalizava cada letra, ele gradualmente aumentou a velocidade. Encerrou com um floreio das baquetas no tambor.

Dibs ficou sentado ali, com a cabeça baixa. O tambor estava em silêncio. Então, ele se levantou, colocou o tambor tranquilamente no teatro de marionetes e fechou a porta.

– Ponho você aqui, tambor. – Ele disse. – Vou colocar o tambor aqui neste armário e fechar a porta. – Ele voltou à caixa de areia e ficou ali observando a cova coberta pela colina.

Depois, ele entrou no teatro de marionetes e fechou a porta atrás de si. Dentro desse teatro de três cantos, havia uma pequena janela que dava vista para o estacionamento. Dessa janela, Dibs conseguia enxergar os fundos da igreja. Eu agora não conseguia vê-lo, mas podia ouvi-lo claramente.

– Ali é o fundo da igreja – ele disse. – A igreja bem, bem grande. A igreja que sobe até o céu. A igreja que faz música. A igreja que tem sinos, um, dois, três, quatro, quando são quatro horas. É uma igreja grande, com arbustos em volta. E muitas pessoas vão lá. – Houve um silêncio prolongado, e depois ele continuou a falar. – E o céu. Tantos montes de céu lá em cima, tão longe. E um passarinho. E avião. E fumaça. – Houve outra longa pausa. – E Dibs, de pé em uma janelinha, está vendo tudo isso.

– Parece um mundo bem, bem grande para você, olhando daqui – eu comentei.

– Isso mesmo – ele disse, suavemente. – Tamanhão. Só um tamanhão!

– Tudo parece ser muito, muito grande – eu disse.

Dibs saiu do teatro de marionetes. Ele suspirou.

– Mas o Dibs, não – ele disse. – Dibs não é do tamanho da igreja.

– Tudo ser tão grande faz Dibs se sentir pequeno?

Dibs voltou a entrar na caixa de areia.

– Aqui dentro, eu sou grande – ele disse. – Vou derrubar a colina. Vou achatar. – E assim fez. Ele nivelou a montanha. Deixou areia escorrer entre os dedos. – Ah, colina achatada. Ah, montanha achatada!

Ele olhou para mim e sorriu.

– Nós fomos à loja de conserto de sapatos para buscar o sapato do papai. Nós fomos pela Avenida Lexington. Descemos a Rua 72. Tinha ônibus e táxis na Terceira Avenida, tinha trilhos aéreos. Nós podíamos ter ido de

DIBS EM BUSCA DE SI MESMO

ônibus. Nós podíamos ter apanhado um táxi. Nós podíamos ter andado. Mas não. Nós pegamos o nosso próprio carro.

– Vocês poderiam ter ido de várias formas, mas foram de carro?

Dibs se inclinou na minha direção. Seus olhos brilhavam.

– Ah, não esqueça – ele me censurou levemente. – Nós buscamos os sapatos do *papai*.

– Ah, sim – eu disse. – Não posso esquecer que vocês buscaram os sapatos do papai.

– O sapateiro consertou – Dibs disse.

– Eles foram remendados?

– Arrumados e remendados – Dibs disse. – Até consertados!

– Bem, Dibs. Agora é hora de ir embora.

– É hora de ir embora – Dibs concordou. Ele ficou de pé. – Hora de ir cinco minutos atrás!

Ele estava perfeitamente correto. Eu não quis interromper seu relato sobre a retirada dos sapatos do papai anunciando o horário.

– Sim, você está certo. Passaram cinco minutos do horário.

Dibs tirou o chapéu e o casaco do teatro de marionetes.

– Esse é um armário engraçado – ele disse quando saiu dele, vestindo o chapéu e o casaco. – Um armário engraçado com um buraco na porta e uma janela nele.

Ele atravessou a sala e recolheu os sapatos.

– Estes são sapatos novos – ele disse. Sentou-se e os calçou sem ajuda. Antes de se calçar, esticou os dois pés na minha direção. – Está vendo? Meias novas também. Sem furo. A mãe ficou com tanta vergonha no médico. – Ele riu.

Fez o laço nos cadarços com capricho e firmeza. Ficou de pé. Ao passar pela porta, estancou e inverteu a tabuleta.

– Eles podem perturbar – ele disse. – Nós já saímos.

CAPÍTULO ONZE

Quando Dibs voltou na quinta-feira seguinte, entrou na brinquedoteca alegremente. Tirou o chapéu e o casaco e os jogou em uma cadeira.

– A sala da senhorita A é número doze – ele anunciou. – E esta sala é dezessete. E a cadeira tem o número treze atrás. Está vendo? – Ele rapidamente virou a cadeira e tamborilou no número.

– Isso mesmo – comentei. Às vezes, ele parecia ser perfeccionista nos detalhes exatos.

Ele foi até o armário e escolheu uma caixa contendo os pequenos prédios de uma cidade de brinquedo. Sentou-se no chão e remexeu as miniaturas de casas, comércios, fábricas, igrejas e outras construções. Havia pequenas árvores para se colocar ao longo das cidades construídas. Dibs ficou completamente absorto por esse material.

– Isso é uma cidade de brinquedo. Vamos ver o que temos aqui. Igrejas. Casas. Árvores. Eu vou construir uma cidade com isso. Aqui tem duas igrejas. Vou começar com as igrejas. Farei dessa igreja mais alta o centro da minha cidadezinha e colocarei a igreja pequena aqui. Depois, vou escolher as minhas casas e alinhar em fileiras de ruas caprichadas. Essa é pra ser uma cidade pequena, então pode ter mais espaço em volta das casas.

Dibs em busca de si mesmo

As cidades pequenas e os vilarejos sempre têm igrejas. Está vendo a torre na igreja? Esta vai ser uma cidade toda de casas.

Ele se deitou no chão com a bochecha pressionada contra o linóleo. Deslocou algumas das construções.

– Eu criei esta cidadezinha. Eu fiz aqui um mundinho de casas. Eu plantei essas árvores em volta. Eu imaginei o céu e a chuva e os ventos delicados. Eu sonhei com as estações. E agora eu vou chamar a primavera. As árvores estão ganhando folhas. É bom e bonito e confortável nesta cidadezinha tranquila. Tem gente andando na rua. As árvores crescem em silêncio no caminho. As árvores são diferentes. As árvores têm diferentes tipos de casca nos troncos delas.

Ele rolou e me fitou.

– Pergunta pra mim se eu tenho mais casas – ele disse.

– Você tem mais casas?

– Eu usei todas as casas. Não sobrou nenhuma. – Ele distribuiu mais árvores ao longo da cidade. – Essa árvore tem pontas verdes que ficam apontadas pra cima, pra cima, pra cima, para o céu. Ela cochicha segredos quando o vento passa. "Me conta, por onde você passou?". Pergunta a árvore para o vento. "Me conta, o que você viu? Pois eu tenho raízes que me prendem no chão e eu preciso ficar aqui pra sempre." E o vento cochicha de volta: "Eu nunca fico. Eu sopro pra longe. Pra longe hoje. Longe, digo eu. Pra longe. Pra longe". E a árvore chora: "Eu quero ir com você. Eu não quero ficar aqui, sozinha e triste. Eu quero ir com você. Você parece tão alegre". Ai, ai…

Dibs se levantou e foi até a mesa. Ele pegou um quebra-cabeça que tinha sido deixado ali. Sentou-se no chão aos meus pés e rapidamente juntou as peças.

– É o "Tom Tom, The Piper's Son"[3] – ele disse. – Temos uma música na escola sobre ele. Vou cantar pra você.

Dibs cantou a música, com palavras e melodia corretas.

---

[3] Personagem de uma canção de ninar em língua inglesa, popular desde o século XIX, que deu origem a diversos livros, desenhos animados e peças de teatro. (N.T.)

– Fim – ele anunciou, quando terminou.

– Você aprendeu isso na escola, foi?

– Foi. A senhorita Jane é minha professora. A senhorita Jane é uma mulher adulta. A senhorita A é uma mulher adulta. Tem adultos e adultos.

– Os adultos parecem ser diferentes uns dos outros, não?

– Ah, sim, muito! – Dibs respondeu, enfaticamente.

– Você conhece outros adultos? – perguntei.

– Claro que conheço. Tem a Hedda e mais outros, na escola. E tem o Jake, nosso jardineiro. E a Millie, que lava a nossa roupa. E o Jake podou uma das árvores grandes do jardim de casa. Era a árvore na frente da minha janela, e ela cresceu tanto que chegou até a janela e encostava nela. Mas o papai quis que fosse podada. Ele falou que ela roçava na casa. E eu assisti ao Jake subir na árvore e cortar galhos dela. Eu abri a janela e falei pra ele que a árvore era minha amiga e que eu precisava daquele galho e eu falei pra ele que eu não queria que fosse cortado. E o Jake não cortou. E daí o papai foi lá fora e falou que queria que fosse *cortado* porque era perto demais da casa e estragava o formato da árvore. O Jake falou que eu gostava daquele galho, porque era tão perto que eu conseguia me esticar na janela e encostar nele. Daí o papai falou que queria que fosse cortado mesmo assim. O papai falou que não queria que eu ficasse me pendurando na janela. Ele falou que não sabia que eu andava fazendo isso e falou que ia colocar uma tela de segurança de metal sólido na janela, pra eu não cair. Daí ele falou pro Jake cortar o galho e cortar logo. E o Jake falou que ele podia cortar só um pouquinho, pro galho não encostar na casa, porque o *eu* gostava daquele galho. E o papai falou que eu tinha montes de coisas com que brincar e fez o Jake cortar o galho tão longe da janela que eu não conseguia mais alcançar. Mas o Jake guardou pra mim a ponta do fim do galho que antes eu costumava alcançar. O Jake me falou que eu podia guardar aquela parte da árvore *dentro* do meu quarto, que não é qualquer árvore que tem a chance de ter seu galho favorito morando em uma casa. Ele me falou que a árvore era um olmo muito, muito velho. Ele falou que tinha provavelmente duzentos anos e que em todo aquele tempo ninguém tinha amado a árvore tanto quanto eu. Então eu guardei a ponta do galho. Eu ainda tenho o galho.

– Quando isso aconteceu? – eu perguntei.

– Um ano atrás – Dibs disse. – Mas o Jake não teve saída. Ele precisou cortar aquele galho. Daí eles colocaram a tela de proteção na janela. Chamaram um homem pra fazer isso. Ele colocou uma na minha janela e uma na janela da Dorothy.

– Alguém sabe que Jake deu aquela ponta do galho para você?

– Não sei. Eu nunca contei pra ninguém. Só guardei. Ainda tenho. Eu nunca ia deixar ninguém encostar nele. Eu ia chutar e morder qualquer um que tentasse.

– Esse galho significava muito para você, não é?

– Ah, sim.

– Você passava muito tempo com o Jake?

– Passava. Toda vez que eu podia sair para o jardim, eu ficava com o Jake. Ele conversava comigo, e eu escutava tudo que ele dizia. Ele me contou vários tipos de história. Ele me contou sobre São Francisco de Assis, que viveu muito tempo atrás e amava os passarinhos, as árvores, o vento e a chuva também. Ele falou que eles eram melhores do que as pessoas. E são mesmo – Dibs acrescentou, com ênfase.

Inquieto, ele perambulou pela brinquedoteca.

– Eu observo a árvore – ele disse. – Mesmo assim, eu observo a árvore. Na primavera, as folhas saem, e se abrem e ficam verdes porque a chuva trouxe a vida verde de volta pra elas. E elas abrem por causa da alegria de ser primavera de novo. E no verão elas dão uma sombra fresca e amiga. Daí, no inverno, as folhas caem e voam pelo ar. O Jake diz que, no outono, o vento vem buscar as folhas pra levar em viagens pelo mundo. Uma vez, ele me contou uma história sobre a última folha que sobrou em uma árvore. A folhinha ficou triste porque pensou que tinha sido esquecida e que nunca seria livre pra ir pra lugar nenhum. Mas, daí, o vento voltou pra buscar a folhinha solitária, soprou forte, e ela fez uma das viagens mais maravilhosas que alguém já teve. Depois de viajar ao redor do mundo, ela voltou para o nosso jardim, o Jake falou, porque ela estava com saudades de mim. E ele a encontrou nos fundos, embaixo da nossa árvore, num dia de inverno. A folha estava muito cansada, magrinha e gasta pela longa viagem. Mas o Jake falou que ela quis voltar porque não tinha conhecido ninguém no mundo todo que ela gostava tanto quanto gostava de mim. E o Jake a entregou pra mim.

Dibs deu mais uma volta pela sala, agitado, e parou à minha frente.

– Eu guardei a folhinha – ele disse. – Ela está muito cansada e muito velha. Mas eu guardo a folha. Eu fiz um quadro e pus moldura nela. E eu imagino algumas coisas que ela deve ter visto voando pelo mundo com o vento. E eu leio nos meus livros sobre os países que ela viu.

Ele foi até a casa de bonecas.

– Vou trancar. Vou trancar a porta e fechar todas as janelas.

– Por quê, Dibs? – perguntei. – Por que *você* quer trancar a porta e fechar as janelas?

– Eu não sei – ele murmurou.

Ele se aproximou de mim de novo.

– Meu sapato – ele disse, com um traço do velho choramingo de desamparo na voz. – Amarre o cadarço pra mim, senhorita A.

– Está bem, Dibs. Vou amarrar para você.

Amarrei. Ele pegou a mamadeira e começou a sugar. Suspirou.

– Você está se sentindo triste? – perguntei.

Ele assentiu.

– Triste – disse.

– O Jake ainda cuida do seu jardim?

– Não. Não cuida mais. O papai falou que ele está velho demais e não é bom pra ele trabalhar daquele jeito, desde o ataque do coração. Mas ele ainda aparece de vez em quando. Nós nos encontramos, lá fora, no jardim. Ele sempre me conta uma história. Mas faz tempo que ele não vem. Eu sinto saudade dele.

– Sim. Tenho certeza de que sente, Dibs. O Jake parece ser uma pessoa muito bacana.

– Ah, ele é – Dibs disse. – Eu gosto dele muito, muito. Eu acho, quem sabe, que ele é um amigo? – ele perguntou, expectante.

– Eu acho que ele é um amigo, Dibs. Um amigo muito, muito bom.

Dibs andou até a janela e olhou para fora por um longo período, em silêncio.

– O Jake ia pra igreja todo domingo – ele disse, apontando na direção da igreja. – Ele me falou que ia.

– Você alguma vez já foi à igreja, Dibs?

– Ah, não – ele respondeu depressa. – O papai e a mamãe não são pessoas crentes. Por isso, nem a Dorothy nem eu somos crentes.

– Entendo – comentei.

– Mas o Jake é. E a vovó.

Outra vez houve silêncio.

– Mais dez minutos?

– Não – respondi.

– Mais nove minutos? – ele perguntou.

– Não – respondi.

– Mais oito?

– Sim. Mais oito minutos.

– Então eu vou brincar com a família de bonecos e a casa pelo resto do tempo – Dibs disse. Ele pegou um pacote de papel de escrita. – Eu vou colocar isto na minha casa – ele disse, e pôs o pacote em um dos quartos da casa de boneca. – Alguém consertou a porta de novo.

– Sim.

Ele apontou para o sótão da casa.

– Aquele é o sótão.

– Sim. Poderia ser – respondi.

– Aprontar os adultos para a cama – ele disse, separando as bonecas e as posicionando nos dormitórios. – E agora as crianças. Este é o bebê. E esta é a cozinheira. E a lavadeira. A lavadeira diz que está cansada. Ela quer descansar. Aqui estão as camas. Este é o quarto do pai. Você não pode entrar lá. Você não pode incomodar. Ele é ocupado. E esta é a cama do homem. Este é o quarto da mãe. Esta é a cama dela. E cada criança tem a sua cama. E cada uma tem um quarto seu. A cozinheira tem o quarto dela e a cama dela. Ela diz que fica cansada também. E a lavadeira não tem cama. Ela tem que ficar de pé e cuidar das máquinas, e este menino às vezes desce até a lavanderia e pergunta pra ela por que ela não vai para a cama e descansa se está cansada, e ela diz que eles pagam ela pra trabalhar, e não pra descansar. Mas a mãe diz que ela pode ter uma cadeira de balanço lá embaixo. Não tem razão pra ela não balançar, se ela quiser. Ela lava as roupas desta família há quarenta anos. Ela pode se balançar de vez em quando, pelo amor de Deus, não pode?, diz a cozinheira. Mas ela diz que não, se a cadeira de balanço ranger ela não pode, porque isso ia incomodar o homem, e Deus nos ajude se a gente incomodar o homem, ela diz. Mas a cozinheira diz deixa ele encharcar aquela cabeça velha dele na cerveja. Daí ela manda o menino pra cima e diz que na lavanderia não tem nada suficientemente chique pra ele. Daí ele sobe de novo.

Naquele momento, eu acidentalmente chutei o quebra-cabeça que Dibs montara no chão à minha frente. Eu me abaixei e o endireitei. Dibs olhou para mim imediatamente.

– O que você está fazendo?

– Eu chutei o quebra-cabeça dele, e Tom Tom, The Piper's Son se desmontou.

Dibs me fitou com curiosidade.

– O que você falou? Eu não entendi da primeira vez.

– Eu disse que acidentalmente chutei seu quebra-cabeça, e Tom Tom, The Piper's Son se desmontou – respondi.

– Oh.

Ele estava certamente muito ciente de cada movimento que ocorria na sala, independentemente de quão envolvido parecesse estar na própria atividade. Ele se ajoelhou e olhou para ver se eu tinha remontado corretamente. Aprovou. Ele ficou de pé e brincou com a fechadura da brinquedoteca.

– Trancar? – ele perguntou.

– Você quer a porta trancada?

– Isso mesmo – ele disse, e trancou a porta. – Está trancada.

Depois que um momento havia passado, eu acrescentei:

– Sim. Agora está trancada. Agora, quero ver você destrancar; porque agora está na hora de ir para casa.

DIBS EM BUSCA DE SI MESMO

– Isso mesmo. Mesmo que *você* saiba que eu não quero ir pra casa.

– Sim. Mesmo que eu saiba que você não *sente* vontade de ir para casa, há momentos, Dibs, em que você precisa. E este é um desses momentos.

Ele ficou de pé à minha frente, fitando-me diretamente nos olhos. Suspirou.

– Sim. Eu sei. Tanta coisa que eu posso fazer aqui, mas daí, sempre, eu tenho que ir embora. – Ele olhou para fora pela porta.

– Seu chapéu e casaco – eu disse.

– Sim, seu chapéu e casaco – ele disse. Retornou, pegou o casaco e o vestiu. Enfiou o chapéu na cabeça e puxou para baixo. – *Meu* chapéu e casaco – ele disse. Olhou para mim. – Tchau, senhorita A. Quinta-feira eu venho de novo. Toda semana tem uma quinta. Tchau.

Ele desceu o corredor até a recepção. Eu o observei ir. Ele se virou, acenou com a mão.

– Tchau – disse mais uma vez.

Tão jovem. Tão pequeno. E, no entanto, tão cheio de força. Depois, pensei em Jake e me perguntei se ele sabia quanto sua compreensão e sua doce gentileza tinham se tornado uma parte importante do desenvolvimento daquela jovem criança. Pensei na ponta simbólica daquele galho e na folha magrinha, cansada, gasta. Pensei na pergunta desejosa de Dibs, "Eu acho, quem sabe, que ele é um amigo?".

CAPÍTULO DOZE

Toda semana tem uma quinta-feira, e a seguinte não foi exceção. No entanto, Dibs não pôde vir à brinquedoteca. Ele estava com sarampo. A mãe telefonou e cancelou a consulta. Na quinta seguinte, ele estava suficientemente recuperado e chegou pontualmente para a sessão de ludoterapia. Seu rosto ainda estava manchado e pálido, mas, chegando à recepção, ele anunciou: "O sarampo foi embora. Eu estou melhor, agora".

– Você sarou do sarampo, não é? – eu comentei, vendo, mas não crendo.

– Sarei. Acabou e terminou. Vamos voltar pra brinquedoteca.

Quando passamos pelo meu escritório, Dibs olhou para dentro. Dois homens estavam consertando os gravadores.

– Tem dois homens no nosso escritório – ele disse. – Quer dizer, tem dois homens no seu escritório.

– Sim. Eles vão trabalhar lá enquanto nós estivermos na brinquedoteca – eu disse.

– Você deixa outras pessoas entrarem no seu escritório? – ele perguntou.

– Sim, de vez em quando eu deixo.

– O que eles estão fazendo lá?

– Consertando alguns dos gravadores.

Quando entramos na brinquedoteca, Dibs tirou o chapéu e o casaco e os jogou em uma cadeira.

– Eu faltei na quinta passada – ele disse.

– Sim, eu sei. Lamento que você tenha tido sarampo e não tenha podido vir.

– Eu recebi o cartão que você mandou pra mim. Fiquei feliz. Eu gostei de receber o cartão.

– Fico contente que tenha gostado – respondi.

– Falava pra eu ficar bom depressa. Falava que você estava com saudade.

– Falava, sim.

– Eu gostei das flores de salgueiro que você mandou. Elas eram como a primavera. Eram bonitas. Tinha vários botões em cada galho. Eu gostei. O papai falou que iam crescer raízes nelas depois de bastante tempo na água, e que eu poderia plantar no jardim. Ele falou que elas *talvez* virassem arbustos. Isso pode acontecer? – Dibs perguntou.

– Você disse que o seu pai contou isso. Então, o que você acha?

– Espero que ele esteja certo. Mas vou ver por mim mesmo, esperar pra ver.

– Esse é um jeito de descobrir as coisas – eu disse.

Eu estava interessada na menção de Dibs ao comentário do pai. Era difícil saber se a conversa era uma nova abordagem do pai para ele, ou se o pai havia muitas vezes tentando explicar coisas ao filho, mesmo que sem receber nenhuma resposta consistente de Dibs. Como a senhorita Jane fizera na escola. Como Jake talvez tivesse feito tantas e tantas vezes, quando Dibs "apenas ouvia". Agora, no entanto, Dibs estava relatando a conversa para mim de um modo muito neutro, factual.

– O que você falou quando seu pai contou sobre as flores? – eu perguntei, esperando colher mais um fragmento de compreensão.

– Eu não falei nada – Dibs respondeu. – Eu só ouvi.

Ele perambulou pela sala observando os potes de tinta, os materiais em cima da mesa. Depois, foi até a caixa de areia e entrou com um salto, um movimento livre e espontâneo. Ele se deitou de comprido.

– Quer tirar os sapatos, Dibs? – ele perguntou a si mesmo. – Não – ele próprio deu a resposta. – Bem, então o que você *quer* fazer, Dibs? Decida--se! – Ele rolou e virou o rosto para baixo, de encontro à areia. – Eu não estou com pressa. Por enquanto eu vou só *estar*!

Ele mergulhou as mãos na areia e puxou para fora alguns dos pequenos edifícios que tinham sido enterrados por outra criança.

– Ah, eu estou encontrando coisas na areia. Predinhos. Um monte de coisas.

Então, de repente, ele foi ao canto oposto da caixa de areia e começou a cavar. Finalmente, a pá raspou no fundo metálico da caixa. Dibs enfiou a mão na areia e de lá puxou um soldado de brinquedo. Ele o levantou.

– U-la-lá! Este homem! – ele exclamou. – Está vendo? Está vendo este combatente? Esse é o homem que eu tinha enterrado debaixo da minha montanha. Fico contente de ver que ele ainda está enterrado, tantas semanas depois. Agora, de volta pra lá, senhor! Pode ir voltando. Volte pra sua cova!

Ele enterrou de novo o soldadinho. Enquanto fazia isso, começou a cantar:

Ah, você conhece o homem do bolinho,
O homem do bolinho, o homem do bolinho,
Ah, você conhece o homem do bolinho,
Que fica na Alameda Drury?

Ele olhou para mim. Sorriu.

– Eu aprendi essa música na escola – ele disse. – Agora, vou cantar para o homem enterrado:

Ah, você conhece o homem nada,
O homem nada, o homem nada.
Ah, você conhece o homem nada?
Ele mora em uma cova assombrada.[4]

---

[4] "The muffin man" é uma cantiga infantil inglesa do século XIX. Drury Lane era na época uma região pobre superpovoada e perigosa de Londres, onde o homem do bolinho fazia entregas de casa em casa. (N.T.)

Dibs riu. Ele deu uma pancada na superfície da cova, para enfatizar.

– Não – ele me disse, muito casualmente, como se nenhum intervalo tivesse transcorrido entre a minha pergunta e a resposta dele. – Eu não converso muito com o papai.

– Não?

– Não.

– Por quê? – perguntei.

– Eu não sei. Acho que é só porque não converso.

Ele murmurou outra melodia.

– Eu aprendi essa na escola também – ele disse.

– Você canta essa na escola também?

– Eu aprendi na escola – Dibs disse. – Eu canto aqui, pra você.

– Ah – respondi.

Fazer perguntas na terapia seria tão útil se as pessoas alguma vez respondessem com precisão. Mas ninguém nunca faz isso. Eu muitas vezes me perguntei se teria havido alguma mudança no comportamento de Dibs na escola. Aparentemente, não houvera mudança perceptível, porque as professoras não relataram nenhuma. Esse tinha sido nosso acordo. Mas Dibs estava aprendendo muitas coisas na escola, em casa, aonde quer que fosse, mesmo que não se comportasse de modo a que tais aprendizados pudessem ser avaliados ou testados.

– Tire os sapatos, Dibs – ele disse a si mesmo.

Ele tirou os sapatos e os preencheu de areia, manuseando a pá com movimentos elaborados. Em seguida, retirou uma das meias e a preencheu de areia. Ele afastou da perna o punho da outra meia e despejou areia dentro, entre a meia e a perna. Depois, tirou a meia e enfiou os pés na areia e despejou areia por cima dos pés, formando um monte de areia que enterrou seus pés e a parte inferior das pernas.

De repente, tirou os pés da areia, levantou-se, pulou para fora da caixa de areia e abriu a porta da brinquedoteca. Ele se esticou para pegar o cartão da tabuleta, entrou de novo na sala, fechou a porta e estendeu o cartão para mim.

– O que é terapia? – ele me perguntou.

Eu fiquei pasma.

– Terapia? – repeti. – Bem, deixe-me pensar por um minuto. – Por que ele estaria fazendo aquela pergunta? Que explicação seria uma resposta sensata? – Eu diria que significa uma oportunidade de vir aqui, brincar e conversar de qualquer jeito que você quiser. É um momento em que você pode ser do jeito que quiser ser. Um momento que você pode usar do jeito que quiser usar. Um momento em que você pode ser *você*. – Essa foi a melhor explicação que pude arranjar na hora. Ele pegou o cartão da minha mão.

– Eu sei o que isso quer dizer – ele disse. – "Não perturbe" quer dizer: todo mundo, deixe-os em paz. Não incomode. Não entre. Nem bata na porta, também. Deixe os dois. Esse lado quer dizer *eles estão sendo*. E esse lado diz *Deixe-os ser!* É assim?

– Sim, assim.

Alguém passou no corredor. Dibs ouviu os passos.

– Tem alguém andando no corredor – ele disse. – Mas aqui é a nossa sala. Eles não vão entrar aqui, vão?

– Não acho que vão.

– Aqui é só pra mim, não é? Só pra mim. Não pra mais ninguém. Não é?

– É só para você, neste horário, toda semana, se você quiser assim – eu disse.

– Para o Dibs e a senhorita A – disse Dibs. – Não só pra mim, pra você também.

– Para nós dois, então – eu disse.

Dibs abriu a porta.

– Eu vou colocar o aviso de novo. Eles não vão perturbar. – Ele recolocou o cartão, afagou a porta, entrou de novo e fechou a porta. Havia em seu rosto um sorriso feliz. Ele andou até o cavalete.

– Dibs, agora que você está fora da caixa de areia, não acha que deveria calçar os sapatos e as meias? – perguntei.

– Isso mesmo. Ainda mais com o sarampo e tudo. Mas *primeiro* as meias, depois os sapatos.

– Ah, sim. É claro. Eu falei os sapatos e as meias, não falei?

DIBS EM BUSCA DE SI MESMO

– Isso mesmo – Dibs disse. Ele sorriu. Em seguida, depois que as meias e os sapatos estavam postos de novo, e os cadarços estavam firmemente amarrados, ele voltou à areia. – Quando eu tive o sarampo, precisei ficar na cama – ele disse. – Eles deixaram as persianas baixadas, e o quarto ficou tão escuro quanto eles conseguiram escurecer. E eu não conseguia ler nem desenhar nem escrever.

– E o que você fez?

– Eles tocaram discos pra mim. E a mamãe me contou umas histórias. Eu tenho montes de histórias em discos, e escutei todas elas de novo. Mas eu gosto mais dos meus discos de música.

– As histórias e a música devem ter ajudado a passar o tempo, não? – comentei.

– Mas eu fiquei com saudade dos meus livros – Dibs disse.

– Você gosta de ler, não gosta?

– Ah, gosto. Gosto muito, muito. Gosto de escrever histórias sobre o que vejo e sobre o que penso. Gosto de desenhar também. Mas gosto de ler mais do que tudo.

– O que você gosta de ler? – perguntei. – Que tipo de livros você tem?

– Ah, eu tenho todo tipo de livro. Tenho livros sobre aves e animais e árvores e plantas e rochas e peixes e pessoas e estrelas e o clima e países e dois conjuntos de enciclopédia e um dicionário, meu dicionário ilustrado que eu tenho há muito, muito tempo. E o dicionário completo, gigante, que antes era do papai. Tenho várias prateleiras compridas de livros. E livros de poemas. E alguns antigos livros de histórias. Mas gosto mais dos livros de ciências. Mas, mais do que qualquer um deles, eu gostei do cartão que você me mandou. Eles me deixaram ficar com o cartão na cama. Eles me deixaram abrir. A mamãe me deixou ler primeiro. E me deixou guardar e ler de novo e de novo.

– Suponho que você tenha passado muito tempo lendo, não?

– Ah, sim. Muitas vezes, foi só isso que eu fiz. Mas eu gosto. Gosto de ler sobre as coisas que vejo. E depois gosto de ver as coisas sobre as quais li. Tenho vários tipos de rocha e de folhas e insetos enquadrados e borboletas. E pilhas e câmeras. Às vezes tiro fotos das coisas no jardim. E da árvore na frente da minha janela. Mas só que as minhas fotos não são muito boas. Eu desenho melhor. Mas gosto mais da sua brinquedoteca – ele disse, assentindo com a cabeça para enfatizar.

– Você gosta mais desta? Elas são muito diferentes, não são?

– Ah, sim. Muito, muito diferentes.

– De que forma elas são diferentes? – perguntei. Não pude resistir a aprofundar aquele tópico.

– Como você falou – disse Dibs, bem seriamente. – Elas são muito diferentes.

Abandonei o assunto. Todo aquele detalhamento adicional era interessante, mas não explicava de que maneira Dibs aprendera a ler, escrever, soletrar e desenhar. De acordo com todas as teorias de aprendizagem existentes, ele não deveria ter sido capaz de adquirir nenhuma dessas habilidades sem ter, antes, dominado a linguagem verbal, nem sem ter tido experiências anteriores adequadas. Apesar disso, Dibs possuía essas habilidades e em grau avançado.

O caminhão semanal passou e parou sob a janela da brinquedoteca.

– Olhe pela janela – Dibs disse, e olhou.

Ele observou enquanto os homens descarregavam o caminhão. Observou os homens entrarem no caminhão e partirem. Ele abriu a janela e se debruçou para observar o caminhão até que sumisse. Depois, fechou a janela.

O sino da igreja começou a bater. Dibs se virou e me fitou.

– Ah, escute. Vai dar quatro horas. Agora mesmo! – Ele contou as badaladas. – Um, dois, três, quatro. Quanto falta?

– Mais quinze minutos – respondi.

– Ah? – Ele contou os dedos como um avarento, até quinze, devagar, laboriosamente. – Quinze? Cinco minutos e dez minutos? Dez minutos e cinco minutos?

– Sim.

– Às vezes os minutos são felizes – ele disse. – E às vezes eles são tristes. Tem momentos tristes e momentos felizes.

– Sim. Alguns momentos são tristes, e alguns, felizes – respondi.

– Eu estou feliz agora – Dibs disse.

DIBS EM BUSCA DE SI MESMO

– Está?

– Sim. Feliz.

Ele abriu a janela e se inclinou para fora.

– Ah, dia lindo! Ah, dia feliz. Com céu tão azul. E passarinhos voando. Ah, está ouvido aquele avião? Ah, céu feliz. Ah, avião feliz voando para oeste. Ah, passarinho feliz. Ah, Dibs feliz. Ah, Dibs, com o galho de salgueiro pra plantar e ver crescer! Ah, diga-me, Dibs, quanto você está feliz? – Ele se virou e olhou para mim. Depois, virou-se de costas para abrir a janela. – Tão feliz que eu vou até cuspir pela janela antes de fechar de novo! – ele exclamou, e cuspiu.

– Quando os sinos tocarem de novo, será hora de ir embora – falei.

– Ah?

Ele veio até mim em silêncio, e tocou minha mão rapidamente. Depois andou até o cavalete. Rearranjou a ordem das tintas com rapidez. Em seguida, pegou a caixa dos animais, tirou as peças que formavam a cerca e as examinou.

– Vou fazer uma fazenda bem bonita – ele anunciou, e começou a cantar:

Ah, faz uma fazenda!
Ah, eu vou fazer uma fazenda!
Uma fazenda feliz!
Uma fazenda pra você e pra mim!

Ele me fitou.

– Quantos minutos faltam? – perguntou.

Eu escrevi o número cinco em um pedaço de papel e o estendi para que ele o visse. Ele olhou e deu risada. Ele pegou meu lápis, aguardou um tempinho, escreveu quatro, aguardou mais um tempinho, então escreveu três, aguardou mais um tempo, escreveu dois, aguardou mais um tempo e escreveu um.

– Hora de ir pra casa! – ele gritou. – Só que os sinos não tocaram ainda.

– Você passou na frente dos sinos – comentei.

– É, passei – ele disse. Ele olhou para a cerca que havia erguido no chão.
– Está vendo? – ele disse, apontando para a cerca.

– É uma cerca bem comprida – falei.

– Ah, não é? Não é comprida? – ele disse, e recomeçou a cantar:

Construí uma cerca,
Uma cerca tão comprida
Que você não vê o fim.
Por que uma cerca?
Onde está a cerca?
Eu não quero uma pra mim!

Ele riu.

– Eu vou colocar os animais dentro da cerca – anunciou. Ele colocou um cavalo e uma vaca atrás da cerca. – Agora, esta vaca – ele disse, suspendendo-a para que eu visse. – Esta vaca dá leite. É uma vaca amiga. Todas as vacas ficam em fila, prontas pra dar leite. – E depois falou, com voz fina: – Entre na fila, vaca. Se endireite. Você me ouviu. Não se comporte feito uma burra idiota!

Ele levantou o galo.

– Este é o galo – disse.

Os sinos começaram a tocar.

– Escute, Dibs – falei.

– Sim. Uma hora. Faltam três horas até as quatro.

– Ah, Dibs, vamos. Você está tentando me enganar? Não é hora de ir para casa?

– É, sim. Mas vamos fingir.

– Fingir?

– É. Vamos fingir que é uma hora – ele disse.

– Será que fingir vai mudar mesmo a hora? – perguntei a ele.

– Bom, não. Há dois tipos de fingimento.

– E quais são?

– O fingimento que não é errado fingir. E o fingimento que é só uma grande besteira. – Ele se levantou e veio até mim. – E às vezes eles ficam tão misturados que você não sabe mais qual é qual – ele acrescentou. – Eu vou ao médico, agora. Na verdade, nós estávamos indo para o médico, quando viemos aqui hoje. Viemos aqui primeiro porque eu queria tanto vir, e a mamãe tinha certeza de que estava tudo bem, porque ela falou que tinha perguntado pra você, e você tinha falado que já tinha tido sarampo. Mas talvez o médico teria dito que não. – Ele vestiu o chapéu e, em seguida, o casaco. – Mas eu estou bem – ele me garantiu. – Não posso passar sarampo pra ninguém, agora. – Ele sorriu alegremente. – Tchau. Espero ver você na próxima quinta.

Ele partiu. E eu fiquei com as especulações e inferências que poderia extrair daquela conversa com Dibs. Ele parecia estar mais à vontade em seu relacionamento com a mãe. Havia indícios de que estava sendo tratado com mais consideração, compreensão e respeito em casa. Até o papai parecia estar emergindo mais como uma pessoa. Mas estariam eles alterando seu comportamento em relação a Dibs? Ou teria Dibs se modificado em sua capacidade de se relacionar com a mãe e o pai, de modo a receber com mais naturalidade os avanços deles na direção do filho?

Eles certamente haviam fornecido vastas coisas materiais para nutrir a capacidade intelectual afiada de Dibs, haviam tentado comunicar-se com ele e ensinar-lhe várias coisas. Era muito difícil entender como eles poderiam ter pensado que aquela criança tinha uma deficiência intelectual, quando vinham oferecendo materiais muito além da capacidade de compreensão de uma criança mediana da idade de Dibs. Eles tinham de saber que o problema de Dibs não se devia a nenhuma falta de habilidade intelectual. Mas por que ele ainda mantinha esses dois tipos completamente diferentes de comportamento, um tão dotado e superior e outro tão dolorosamente deficiente?

CAPÍTULO TREZE

Dibs parecia bem contente quando voltou à brinquedoteca, na semana seguinte.

– A mamãe talvez se atrase pra volta, hoje – ele disse.

– Sim, eu sei. Ela me contou que talvez se atrasasse.

– Ela foi resolver umas coisas. Ela falou que eu podia esperar aqui até ela voltar. Ela combinou isso com você.

– Isso mesmo – eu disse.

Ele andou pela brinquedoteca com um sorriso no rosto.

– Acho que eu vou cantar – ele anunciou.

– Se você quer cantar, cante – respondi, e ele riu.

– E, se eu quiser ficar em silêncio, eu fico em silêncio! E se eu quiser pensar, eu penso. E se eu quiser brincar, eu brinco. Assim, né?

– Isso. Assim mesmo.

Ele andou até o cavalete e olhou as tintas. Pegou o pote de tinta azul. Começou a cantar e, enquanto cantava, levantou o pote de tinta e o movimentou ritmadamente de um lado a outro.

Ah, tinta! Ah, tinta tão azul!
O que, o que é que você pode fazer?

Você ponde pintar um céu.
Você pode pintar um rio.
Você pode pintar uma flor.
Você pode pintar um passarinho.
Todas as coisas são azuis
Se você pinta de azul.
Ah, tinta azul, ah, tinta tão azul!

Ele andou até mim com o pote de tinta.

Vai derramar. Vai transbordar.
Vai escorrer. Vai pingar.
Minha linda tinta azul vai, sim.

Ele continuou cantando as palavras, que criava conforme prosseguia.

É uma cor que se mexe.
Ela se mexe e mexe.
Ah, azul! *Ah, azul. Ah,* azul!

Ele balançava o pote de tinta para trás e para a frente enquanto cantava. Ele o pousou de volta no cavalete e pegou o pote de tinta verde.

Ah, tinta verde tão verde.
Você é calma e bonita.
Em volta de mim na primavera.
Em volta de mim no verão.
Nas folhas, na grama e nas sebes também.
Ah, verde! Ah, verde! Ah, verde!

Ele recolocou a tinta verde e pegou o pote de tinta preta.

Ah, preto! Ah, noite!
Ah, preto escuro.

Vem pra mim de todos os lados.
Ah, sombras e sonhos
E tempestades e noites!
Ah, preto! Ah, preto! Ah, preto!

Ele recolocou esse pote e pegou o da tinta vermelha. Trouxe-o até mim e o suspendeu, segurando-o com as duas mãos. Dessa vez, pronunciou as palavras enfaticamente.

Ah, vermelho, tinta brava.
Ah, tinta que dá bronca.
Ah, sangue tão vermelho.
Ah, ódio. Ah, zanga. Ah, medo.
Ah, brigas barulhentas e vermelho borrado.
Oh, ódio. Oh, sangue. Oh, lágrimas.

Ele baixou as mãos com o pote de tinta vermelha e ficou de pé, imóvel, calado, olhando para ele. Depois suspirou profundamente e o recolocou no cavalete. Em seguida, pegou a tinta amarela.

Ah, amarelo, cor malvada.
Ah, cor brava, malvada.
Ah, cobre as janelas pra deixar a árvore lá fora.
Ah, porta com tranca e feno mentiroso.
Eu odeio você, amarelo.
Cor velha malvada: cor das prisões.
Cor de estar sozinho e com medo.
Ah, cor malvada amarelo.

Dibs colocou o pote de volta no cavalete, foi até a janela e olhou para fora.
– Hoje está um dia bonito – comentou.
– Sim, está – respondi.
Ele ficou ali, olhando pela janela, por um longo período. Eu fiquei sentada, observando e perguntando-me por que ele havia projetado aquelas

associações com as cores das tintas, demonstrando tanta associação negativa com a tinta amarela? Em seguida, ele voltou ao cavalete.

– Esta tinta turquesa é nova – ele disse.

– É, sim.

Ele colocou duas folhas grandes de papel no cavalete. Depois, pegou a tinta turquesa e mexeu delicadamente com um pincel. Levou o pincel à pia e abriu a torneira, deixando a água correr sobre o pincel.

– Ah, olhe! Deixa a água azul. – Ele colocou os dedos sob a torneira, e uma fonte de água espirrou pela sala. Ele gritou, rindo. – A água saiu, saiu, saiu! E o Dibs, ele mesmo, pode fazer da água uma fonte e pode mudar a cor da água para azul.

– Estou vendo que pode.

Dibs soltou o pincel, e ele escorregou pelo ralo. Tentou rapidamente pegar, mas não conseguiu. O pincel tinha descido pelo cano.

– Ora essa! – ele exclamou. – Mas que bela confusão! Não consigo tirar. Lá se foi pra baixo, fora das vistas. Mas está no cano. Está no sifão. – Ele abriu as portas do armarinho sob a pia e examinou o encanamento. – Ah, que pena! – ele disse, e riu com vontade.

– Sim. O pincel está no cano – eu disse.

Ele brincou na pia, abrindo a torneira com tal força que a água espirrou na sala. Em seguida, pegou a mamadeira e tentou encaixar o bico, mas, como estava molhado, tornou aquilo uma tarefa escorregadia e impossível. Ele mastigou o bico e colocou a mamadeira na pia, deixando que a água escorresse sobre ela. Depois, posicionou a mamadeira em cima do ralo, e a pia começou a se encher de água. Depois, ele abriu a torneira de água potável que havia na pia, mastigou novamente o bico e colocou o rosto sob o jato, para molhar.

– A água está subindo – ele anunciou. – Lavar. Lavar. Lavar. – Ele pegou dois potes vazios de tinta, sujos, e os colocou dentro da pia. Então, notou o conjunto de pratos de plástico em uma prateleira, tirou os potes de tinta e derrubou as louças de plástico na pia. Pulou para cima e para baixo, rindo. – Vou lavar a louça – ele gritou. – Estão nadando e ficando molhadas. Tudo fica molhado. Espirra. Onde está o pano de prato? Onde está a bucha? Onde está o sabão? Espirra. Espirra. Espirra. Rapaz, mas que divertido!

– Você está se divertindo muito, não está? – eu falei.

– Estou. Está enchendo. Alguns estão de ponta-cabeça. Me dê sabão.

Eu lhe entreguei um pedaço de sabão, um pano de prato e uma toalha. Dibs lavou a louça com todo o cuidado, enxaguou, secou.

– Você já viu louças tão lindas? – ele perguntou. – Esta louça é igual à que a vovó mandou, porque o Dibs esqueceu seus bichos de brinquedo com a vovó, e ela mandou de volta pra Dibs por correio.

– Ah, é? A vovó mandou para você pelo correio louças como essas?

– Mandou. Eu tinha ido visitar a vovó. Voltei pra casa. A vovó se esqueceu de pôr os bichos na minha mala. Então, mandou pra mim. E pôs uma surpresa. Louças iguaizinhas a estas. Louças muito lindas, exatamente como estas.

– Você gostou que a vovó mandou essa surpresa, não gostou?

– Sim. Muito! E em 12 de maio a *vovó vai vir pra casa*! – Dibs anunciou, os olhos brilhando, um grande sorriso no rosto. – *A vovó vai vir pra casa!* – ele repetiu. – Alegre-se! Em 12 de maio, a vovó vem pra casa.

– Acho que isso faz você se sentir muito, muito feliz – eu disse. – Você vai ficar contente de ver a vovó, não vai?

– Isso mesmo – Dibs disse. – Tão contente que eu poderia explodir! – Ele começou a cantar de novo.

> *Para Dibs, com amor, da vovó.*
> *Para Dibs, com amor, com amor.*
> *A vovó vem! A vovó vem!*
> *A vovó vem vindo pra casa*
> *Com amor!*

Ele batia palmas entusiasmadamente.

– Vou dar uma festa do chá – ele anunciou. – Agora mesmo. Vou dar uma festa do chá. – Ele colocou as xicrinhas em fila. Preencheu cada uma com água. – Para todas as crianças – ele anunciou. – Para cada criança, uma festa. Para todas as crianças, uma bebida. Estou dando uma festa. Vai ter crianças na minha festa.

DIBS EM BUSCA DE SI MESMO

– Você vai dar uma festa para crianças agora? – perguntei.

– Ah, vou. Crianças. Montes de crianças. Montes de crianças amigas. Ele contou as xícaras.

– Sete xícaras – ele disse. – Vai ter sete crianças na minha festa.

– Você vai ter sete crianças na sua festa, é?

– Seis e Dibs – ele respondeu.

– Ah. Seis crianças e você com elas, então – eu disse.

– Isso mesmo. Seis crianças e Dibs dá sete crianças.

– Isso mesmo – respondi.

Naquela brincadeira, Dibs estava expressando o desejo de ser uma criança como as outras.

A mamadeira que ele usara para tampar o ralo escorregou, e a água gorgolejou na pia. Dibs deu risada.

– Ah, que barulho engraçado – ele disse. – São quatro horas. Está ficando escuro. Está ficando tarde. Vou jogar fora a água das xícaras e encher de novo para as bebidas da festa. Está na hora de encher as xícaras. – Ele encheu a jarra de plástico com água e serviu água em cada xícara, cantando enquanto fazia isso. – Ah, xícara número um, aqui está sua água. E xícara número dois e xícara número três. Cuidado pra não derramar, mas respingar você pode. Xícara número quatro e cinco e seis. Depois, a sete com um esguicho. Esguicho. Esguicho. Esguicho. Transborda. Transborda. Transborda. Água em cima da pia toda. Água no chão todo. Água em todo lugar. Água molhando tudo, derramada por todo lado.

Ele voltou a encher a jarra e despejou a água na bancada da pia, no chão e na mesa, como havia dito antes. A água molhava tudo ao redor, mas ele aproveitava cada gota e cada minuto daquilo. Em seguida, ele encontrou mais duas xícaras de plástico.

– Ah, mais duas xícaras! – ele exclamou. – Vai ter nove crianças na minha festa. Eu vou dar uma festa do chá e receber todas as crianças para o chá. Vou esvaziar as xícaras e me preparar para a festa do chá. – Ele espalhou mais água. – Agora eu vou dar a minha festa – ele disse. – Quantos minutos faltam?

– Mais oito minutos.

– Vai ser uma festa do chá de oito minutos. Vamos usar o conjunto de chá bom, hoje. – Seu tom de voz se alterou. Tornou-se controlado, um pouco ríspido. Ele imitou perfeitamente a inflexão precisa e a expressão da voz da mãe. – Se é para fazer uma festa do chá, vamos fazer direito – ele disse. – Sim. Vai haver chá. Um pouco de chá em cada xícara, depois preencha com leite. Isso é chá demais. Eu disse *um pouco* de chá em cada xícara, e depois complete com leite. Se você quer mais água, tudo bem. Mas mais chá, não. E sem discussão. – Ele usou uma colher para servir água em cada xícara. – A xícara número seis tem chá demais – ele disse, com um tom de severidade. – Por favor, tire um pouco de chá da xícara seis e siga minhas instruções com mais precisão. E isso basta de açúcar para crianças. *Basta de açúcar.* Eu não deveria precisar repetir tudo o que digo. Se você quer dar uma festa do chá, vai se sentar obedientemente à mesa e esperar até que todos estejam servidos. Você pode comer uma torrada de canela com o seu chá. Não fale com a boca cheia.

Dibs pôs a mesa. Ele levou uma cadeira até a mesa. Seus modos se tornaram humildes, contidos e calados, enquanto ele tomava o chá na pequena xícara.

Ele apanhou a jarra e contornou lentamente a mesa, despejando com todo o capricho um pouco de água em cada xícara.

– Vai ter um pouco de chá em cada xícara – ele disse com uma voz tensa, precisa. – Isso é chá demais na xícara três. Vou tirar um pouco. – Dibs retirou um pouco da água. – Você pode colocar um pouco de açúcar em cada xícara. – Ele se movimentava ao redor da mesa. Uma segunda jarra foi designada como sendo a do leite. Uma colherinha de areia foi acrescentada cuidadosamente, como se fosse açúcar. – Manuseie a colher de açúcar com cuidado. – A imitação de voz continuava. – A xícara seis tem chá demais. Isso precisa ser corrigido. Tenha cuidado com o açúcar. Crianças não devem consumir muito açúcar. Tire os cotovelos da mesa. Se houver mais baderna, você vai para o seu quarto. Eu vou trancar você no seu quarto.

Dibs se sentou à mesa em frente a uma das xícaras. Cuidadosamente, ele apoiou as mãos fechadas na borda da mesa.

– Você tem que comer a torrada com cuidado – a voz de Dibs continuava. Ele se esticou para pegar a torrada e resvalou em uma das xícaras. Com um salto repentino, levantou-se da mesa com uma expressão de medo no rosto.

– Chega de festa! – ele gritou. – A festa acabou. Eu derramei o chá! Ele rapidamente esvaziou as xícaras e as devolveu à prateleira.

– A festa acabou porque você derramou o chá? – eu perguntei.

– Burro! Burro! Burro! – ele gritou.

– Foi um acidente – eu disse.

– Gente burra provoca acidentes! – ele berrou, com lágrimas em seus olhos. – A festa acabou. As crianças foram todas embora! Não tem mais festa. Sua voz se engasgava nas lágrimas. Aquela tinha sido uma experiência muito real para ele. – *Foi* um acidente – ele me disse. – Mas a festa acabou.

– Isso assustou você e deixou você triste – eu falei. – O acidente de derramar o chá acabou com a festa. O menino que derramou o chá foi mandado para o quarto?

Dibs andava de um lado a outro da brinquedoteca, retorcendo as mãos.

– Foi. Sim. Sim. Ele deveria ter tomado cuidado. Foi muito burro, foi tão desajeitado. – Ele chutou uma cadeira. Varreu as xícaras da prateleira. – Eu não queria uma festa – ele berrou. – Eu não queria nenhuma criança por perto!

– Você fica bravo e triste quando uma coisa dessas acontece – eu falei. Dibs veio até mim.

– Vamos pro seu escritório – ele disse. – Vamos sair daqui. Eu não sou *burro*!

– Não, você não é burro – eu disse. – E fica chateado quando uma coisa dessas acontece.

Descemos o corredor até o meu escritório. Dibs ficou por um longo tempo sentado em silêncio na cadeira. Depois, ele me olhou com um pequeno sorriso.

– Desculpe – ele disse.

– Desculpar? Por que está se desculpando? – perguntei.

– Porque derramei o chá – ele disse. – Fui descuidado. E não deveria ter sido.

– Você acha que deveria ter sido mais cuidadoso?

– Acho. Eu devia ter sido mais cuidadoso, mas eu não sou burro.

– Você foi descuidado, talvez, mas não burro.

– Isso mesmo – disse Dibs, e havia um sorriso em seu rosto.

Ele vencera a tempestade com sucesso. Descobrira dentro de si uma força para lidar com seus sentimentos feridos.

– Eu vou escrever uma carta – ele disse. Pegou um lápis e papel e começou a desenhar a letra, soletrando as palavras em voz alta enquanto escrevia.

"Querido Dibs,

Eu lavei o conjunto de chá e fechei o ralo. Eu dei uma festa. As crianças vieram aqui.

Com amor.

Eu."

Ele olhou para o meu calendário de mesa, puxou-o para si. Ele o folheou até chegar a 8 de abril. Fez um círculo ao redor do oito e escreveu o nome naquela página do calendário.

– Oito de abril é meu aniversário – ele disse. Folheou o calendário, escolheu outra data e escreveu "Mamãe". Depois, em outra folha, escreveu "Papai". Então, em outra, escreveu "Dorothy". – Esses são os aniversários da mamãe, do papai e da Dorothy – ele me contou. Voltou à página onde escrevera "Papai" e nela escreveu "Vovó".

– O aniversário do papai e o da vovó são no mesmo dia – ele disse.

– Ah, são?

– São. Só que um é mais velho do que o outro.

– Quem é o mais velho? – perguntei.

– A vovó! – ele respondeu, com uma nota de surpresa na voz. – Vinte e oito de fevereiro. É isso. E o aniversário do Washington também.

– No dia vinte e oito?

– Não. O Washington nasceu no dia 22. Mas é o mesmo mês – ele baixou o olhar para a página do calendário. – Eu vou apagar esse – ele disse, apontando para "Papai".

Dibs em busca de si mesmo

– Vai?

– Não – ele respondeu, dando um suspiro. – Não. Vai ter que ficar, porque é o aniversário dele.

– Quer você queira ou não, é o aniversário dele, não é?

– Isso mesmo. E ele precisa dele.

– Como assim? – perguntei.

– Ele precisa do aniversário. Eu preciso do aniversário – disse Dibs.

– Ah – comentei.

Ele descobriu uma página em branco no fim do calendário.

– Arranco?

– Se você quiser – eu disse e ele quis.

– Não tem dias vazios no ano – ele disse. – Todos têm um número e um nome, e eles pertencem a alguém.

– É mesmo?

– Sim. Não tem nenhum que não seja de alguém. – Ele voltou para 23 de setembro. – Eu vou chamar esse de primeiro dia do outono – ele disse, e escreveu as palavras "Bem-vindo, outono".

Então, puxou meu fichário para si.

– O meu nome está no seu fichário? – ele perguntou. – Tem uma ficha com o meu nome nela, como o médico tem? Tem?

– Por que você não procura e vê?

Ele começou a procurar nas fichas arquivadas sob a letra inicial de seu último sobrenome.

– Não, não está aqui. Vou procurar no D. Você pode ter arquivado no D. Deveria estar no meu último sobrenome, mas vou procurar Dibs.

– Confira e veja – eu falei. Dibs conferiu. No entanto, seu nome não estava no fichário.

– Não está aqui – ele falou.

– Você quer que esteja aí?

– Quero.

– Bem, então por que você mesmo não coloca?

Ele pegou uma ficha em branco; cuidadosamente escreveu seu nome, endereço e número de telefone. Depois, arquivou corretamente sob a inicial

137

de seu último sobrenome. Ele pegou outra ficha em branco, escreveu meu nome nela, endereçou-a como "A Brinquedoteca", perguntou o número de telefone do Child Guidance Center, escreveu na ficha e arquivou sob a letra A.

Os sinos da igreja tocaram de novo.

– É quase hora de jantar – ele disse. Foi até a janela e olhou para fora. Dali, conseguia ver os crescentes grupos de pessoas a caminho da entrada do metrô. Ele as observou. – Pessoas indo pra casa depois do trabalho, pra casa do trabalho, pra casa do trabalho. Indo pra leste quando vão pra casa do trabalho. Indo pro jantar. Daí, amanhã, elas vão vir de novo. Elas vão vir pra oeste de novo. Vêm pra leste de manhã e voltam para o trabalho.

– Sim.

– Todas as pessoas estão indo pra casa. Todo mundo que trabalha vai pra casa. Vão pra casa pra jantar. Vão pra casa pra passar a noite. Todas as pessoas estão indo pro leste. Depois, pra virem pro trabalho de manhã, estarão vindo pra oeste.

– Isso, isso mesmo. Se elas vierem de metrô ou de ônibus – eu disse. – Elas estão indo para casa, agora. Pela manhã, provavelmente vão voltar para o trabalho.

– É – disse Dibs. – Pra trás e pra frente. Dia após dia. Dia após dia. Fica monótono.

Dibs ficou ali, em silêncio, observando pela janela por um longo tempo. Depois, virou-se e olhou para mim.

– Onde está a mamãe?

– Ela ainda não chegou. Eles vão tocar a campainha e nos avisar quando ela estiver aqui.

– Eles vão?

– Sim.

– Isso você *sabe* que vai acontecer? – ele perguntou.

– Sim. Sei que vai.

– Alguém lá fora *falou* que ia tocar quando ela chegasse?

– Sim. O que você acha?

– Eles nem sempre fazem o que falam – ele disse.

Dibs em busca de si mesmo

– Você sente que às vezes espera que algo aconteça, e fica desapontado?

– Sim – ele respondeu. – Pode acontecer. Mas, se você diz que você acredita, tem outra coisa que eu preciso fazer.

– O que você precisa fazer?

Ele puxou o calendário para si e o folheou. Parou na página daquele dia.

– Este é hoje – ele disse. – Vou fazer um X bem grande nele.

– Um X no dia de hoje? Por quê?

– Porque é o meu dia mais importante.

– Por que hoje é um dia importante para você? – perguntei.

– É o meu dia mais importante – ele declarou, bem seriamente. – Eu *sei*. Ele folheou o calendário aleatoriamente.

– Aqui é a Páscoa – ele disse, indicando a data correta.

– É, sim.

– Vai ser um dia bonito.

– Vai?

– Vai. Páscoa. Montes de flores e igreja. Não é assim?

– Sim – respondi.

A campainha soou.

– Como você falou – Dibs comentou, apontando para a porta.

– Sim. É a sua mãe, agora.

– Eu sei – disse Dibs. – Tchau. – Ele andou até mim e tocou minha mão timidamente. – Tchau, senhorita A.

Andamos juntos até a sala de espera. A mãe dele me cumprimentou de uma forma amigável, relaxada. Dibs se pôs ao lado dela em silêncio. Quando estavam saindo da recepção, a mãe disse:

– Diga tchau para...

– Tchau – Dibs a interrompeu para dizer, monocórdica, mecanicamente.

– Ele me disse tchau antes de sairmos do meu escritório – eu informei à mãe.

Dibs se iluminou.

– Tchau de novo, senhorita A – ele disse. – Feliz tchau.

CAPÍTULO CATORZE

Eu estava na recepção quando Dibs e a mãe chegaram na semana seguinte. Eu estava usando um vestido de seda estampado.

– Ah, olhe, mãe – Dibs falou alto. – O vestido colorido bonito. Não é bonito? O vestido não é bonito?

– Sim – disse a mãe. – É um vestido muito bonito.

– As cores – disse Dibs. – Cores lindas.

Aquilo era bem diferente de sua habitual entrada silenciosa. A mãe sorriu.

– O Dibs insistiu em trazer um dos presentes que ganhou de aniversário para mostrar a você – ela disse. – Tudo bem, por você?

– Claro que sim. Se ele quis trazer, está tudo bem.

– Bem, ele quis – disse a mãe.

Dibs estava ansioso para ir à brinquedoteca. Carregava uma caixa grande que continha, aparentemente, o presente de aniversário.

– Ele vai explicar tudo a você – disse a mãe. – Na verdade, estou começando a pensar que ele tem todas as respostas. – Havia uma inconfundível nota de orgulho em sua voz.

Dibs já tinha ido para a brinquedoteca. Eu o segui. Sentou-se na borda da caixa de areia e desembrulhou o presente.

– Eu estou aqui – ele anunciou. – Eu estou aqui.

– Estou vendo. Bem, sinta-se em casa – respondi.

– Em casa, não! – Dibs respondeu. – Sinta-se na brinquedoteca!

Dibs andou pela brinquedoteca empertigado, pavoneando-se e sorrindo alegremente.

– Eu tive um aniversário.

– Você teve um bom aniversário?

– Tive – ele respondeu. Voltou ao pacote. – Está vendo isso? É um conjunto de código internacional com pilha e tudo. Está vendo? Aqui são os pontos, e aqui são os traços, e ele manda mensagens em código. Você soletra com pontos e traços, e ele manda mensagens em código. Sem letras, só código. – Quando ele manuseou a peça, as pilhas caíram. Rapidamente ele as recolocou. – Fica abrindo – ele explicou. – Essas pilhas não se encaixam muito bem. Está ouvindo os barulhinhos que faz, quando aperto os botões? Isso é a mensagem. Não é legal?

– É, Dibs. É muito legal.

– É muito, muito interessante. – Ele pressionou um botão e teclou uma mensagem. – Está vendo como funciona? É um conjunto de código internacional, e qualquer um consegue ler, se conhecer o código.

– Estou vendo.

Um caminhão passou lá fora.

– Olhe pro caminhão, Dibs – ele disse, retornando ao antigo padrão de fala. – Abra a janela, Dibs. – Ele abriu a janela e olhou para fora. – Ah, o caminhão foi embora – ele disse.

– Foi embora?

– É. Aí vem outro caminhão. – Outro caminhão se aproximou e estacionou. Dibs olhou para mim e sorriu. Talvez o recuo à fala infantilizada fosse um alívio da pressão da expectativa que o presente de aniversário sugeria. – Aqui vem o caminhão. Ele para. Se mexe. Agora volta. O homem sai. Ele carrega alguma coisa. Quatro caixas em sequência. Ele pega alguma coisa dentro. Ele sai. Ele pega mais quatro caixas grandes. Ele entra.

Então, Dibs se inclinou no parapeito da janela e analisou o caminhão. Olhou para mim por cima do ombro.

– É um caminhão grande. É de um vermelho sujo. Está cheio de caixas. Eu não sei o que ele tem nas caixas, mas está cheio delas. O homem entra e sai do caminhão. Ele carrega as caixas para o prédio. Pra frente e pra trás. Pra dentro e pra fora. Ele carrega coisas.

Duas estudantes levando livros passaram andando sob a janela. Elas olharam para cima, para Dibs inclinado para fora da janela.

– Oi – uma das meninas disse para Dibs.

Ele a ignorou.

– Eu falei "oi" – a menina chamou.

Dibs continuou a ignorá-la.

– Você não consegue dar oi? Não sabe falar? Qual o seu problema? O gato comeu sua língua?

Dibs não disse uma palavra. Ficou olhando pela janela, observando-as em silêncio. Quando estavam fora de vista, ele falou.

– Eu as olho passarem. Eu não falo com elas. Eu não respondo pra elas. Aí vem o homem no caminhão. Eu não falei com ele. Lá vai uma mulher descendo a rua. Eu não falo com ela. Eu não digo uma palavra pra nenhum deles. Lá vai o caminhão. *Tchau, caminhão!*

O caminhão partiu com um rugido do motor.

– Você não consegue dar "oi"? Não sabe falar? – ele disse, imitando o tom de voz da menina.

Dibs fechou a janela com um estrondo e se virou de frente para mim, seu olhar chispando de raiva.

– Não quero dar oi! Não vou falar com elas! – ele gritou. – Não vou falar!

– Você as viu e ouviu que falaram com você, mas elas feriram seus sentimentos, e você não quer falar com elas – eu disse.

– Isso mesmo – ele disse. – As pessoas são malvadas, então eu não falo com elas. Mas eu falo com o caminhão. Eu dou tchau para o caminhão.

– Um caminhão não pode falar nada que machuque seus sentimentos, não é?

– O caminhão é bonzinho – Dibs disse.

Ele caminhou até a caixa de areia, sentou-se na borda e passou os dedos na areia, como se estivesse usando um ancinho. Tirou um soldado de

DIBS EM BUSCA DE SI MESMO

brinquedo, segurou-o nas mãos e o observou por um longo tempo. Então, voltou-se para a areia, cavou um buraco com as mãos e enterrou o soldado. Por cima do monte de areia, colocou um caminhãozinho. Sem uma palavra, ele criou essa imagem vívida para representar seus sentimentos.

Depois, pegou o baldinho de areia, uma tigela de plástico, uma colher, algumas assadeiras e uma peneira. Arrumou todos os itens em cima da mesa.

– Agora eu vou assar biscoitos – ele anunciou. – Hoje é a folga da cozinheira, e eu vou assar biscoitos. Vai distrair minha cabeça das minhas preocupações – ele disse. Ele começou a medir e mexer a areia na tigela.

– Vou usar farinha, açúcar e gordura. Vou pegar a peneira e peneirar a farinha, três vezes. Eu faço assim, Dibs, para deixar mais leve. Isso vai deixar os biscoitos mais gostosos. Vou acrescentar a gordura. Manteiga às vezes é chamada de gordura. Outras coisas também são chamadas de gordura, como banha, margarina e óleos vegetais.

Ele estava completamente imerso na brincadeira.

– Agora vou acrescentar o leite. Você reparou que eu acendi o forno pra que ficasse pré-aquecido? Pré-aquecido significa esquentar antes de usar. Depois, eu pego as fôrmas de biscoito. Existem vários formatos diferentes. Essas são de coelho. Essas são de estrela. Essas são de abóbora. Você tem preferência? Se tiver preferência, passe a forminha pra mim ou coloque neste lado da mesa. Bem que eu gostaria de saber se você entendeu o que eu lhe disse. Você entendeu sobre as fôrmas, não entendeu? Você quer que eu faça biscoitos de coelho. Agora, vou achatar com esse rolo de massa e cortar com a forminha que você escolheu.

A massa dele não ficou muito homogênea. Ele me fitou.

– A massa de biscoito de verdade gruda melhor – ele disse. – Mas eu vou fazer de conta que essa está grudada e cortar com essa forma de coelho. Eu vou ter que colocar na assadeira pra cortar no formato, mas com biscoito de verdade você corta primeiro.

– Entendo – comentei.

– Agora, eu vou colocar no forno pré-aquecido. – Ele colocou a assadeira de biscoitos de areia no forno de brinquedo. – Agora, eu vou sentar e esperar os biscoitos assarem. – Ele se sentou na borda da caixa de areia e tirou os cadarços dos sapatos estilo Oxford. Depois de tirar os sapatos, entrou na caixa de areia e começou a cantar.

Ah, os biscoitos assam
Enquanto fico sentado aqui.
Ah, os biscoitos assam
Enquanto eu tiro as meias,
Enquanto derramo areia nos pés,
Enquanto conto meus dedos do pé.
Um, dois, três, quatro, cinco.
Cinco dedos em um pé.
Ah, o que vem depois do um?
O que eu lhe disse?
Pense. Pense. Pense.
Vou fazer outra vez.
Você me olha e me escuta.
Um, dois, três, quatro, cinco.
O que eu disse?
Agora, você diz.
Um. Um. Um.
O que eu disse?
Escuta de novo.
Um, dois, três, quatro.
Um. Um. Um.
Escuta o que eu estou dizendo,
Sua criança burra.
Um. Dois. Dois. Dois.
Agora, repete.
Um, dois, três, quatro, cinco.
Certo. Certo. Certo.
Um biscoito assado quentinho pra você!

Ele riu.

– Então cinco dedos em um pé e cinco dedos no outro pé fazem dez dedos nos dois pés – ele disse. – Será que você não consegue aprender nada? Ou será que você sabe, e só não me responde?

– Às vezes você sabia as respostas e só não falava? É assim que era? – eu perguntei.

– Eu não sei quando eu sabia e quando eu não sabia – Dibs disse, verbalizando a confusão que muitas vezes deve ter sido atirada contra ele. Então, ele se deitou de costas na areia e se torceu até que os pés tocaram sua boca. – Está vendo o que eu sei fazer? Eu consigo me dobrar, e ninguém nunca me ensinou como.

Ele rolou na areia. Ele ficou de pé e saltou para cima e para baixo na areia. Depois, correu para a mesa para pegar a mamadeira e voltou para a caixa de areia. Ele se deitou e mamou como um bebezinho, fechando os olhos.

– Quando eu era bebê – ele disse.

Aguardei, mas ele não prosseguiu.

– Quando você era bebê, o quê? – perguntei, por fim.

– Quando eu era bebê – ele repetiu. Depois, de repente, se sentou. – Não. Não. Não – disse, e saiu rapidamente da caixa de areia. – Eu não sou um bebê. Eu nunca fui bebê!

– Você não é um bebê agora e não quer pensar que já foi? – perguntei.

Ele foi até o cavalete.

– Tem onze cores diferentes de tinta no cavalete. As cores diferentes são feitas de ingredientes diferentes. Você sabia disso?

– São?

– São. – Ele andava com certa agitação ao redor.

– Se você vai ficar fora da caixa de areia, talvez seja bom colocar as meias e os sapatos – eu disse.

– Sim. Meus pés estão frios. O chão está *frio*, hoje.

Ele calçou as meias e me entregou os sapatos e os cadarços.

– Se eu precisar da sua ajuda, você vai ajudar – ele disse. – Se eu não precisar, mas só quiser, você vai ajudar.

– É assim?

– É – Dibs respondeu, assentindo com a cabeça. – Eu sei.

Enfiei os cadarços nos sapatos dele e lhe entreguei.

– Obrigado – Dibs disse.

– De nada – respondi.

Dibs sorriu.

– Você me deu boas-vindas[5]! – ele gritou.

Abanava os braços para cima e para baixo e cacarejava como um galo. Ele riu.

– Dibs feliz – ele gritou. – Vamos andando, Dibs. Para a água. Para a pia.

Ele calçou os sapatos, deu o laço com firmeza, correu até a pia, abriu as portas e abriu a torneira na vazão máxima. Pegou a mamadeira, levou à pia, esvaziou a água que já estava dentro dela e a encheu de novo. A água espirrou pela sala. Ele abriu a torneira de água potável, manteve o dedo parcialmente sobre a abertura e direcionou um jato de água para a sala.

– Vou fazer um esguicho de água! – ele gritou.

Ele arregaçou as mangas da camisa. Encheu a mamadeira, tentou encaixar o bico, mas estava muito escorregadio.

– A senhorita A vai fazer isso pra você, Dibs – ele disse. – A senhorita A não vai decepcionar você.

– Você acha que vou arrumar para você?

– Isso mesmo. Eu sei que vai. – Ele me entregou a mamadeira e o bico. Eu encaixei para ele e lhe devolvi.

Ele ficou de pé diante de mim, sugando a mamadeira e me olhando fixamente.

– Você não me chama de burro – ele disse. – Eu digo me ajuda, você ajuda. Eu digo eu não sei, você sabe. Eu digo que não consigo, você consegue.

– E como isso faz você se sentir? – perguntei.

– Assim – ele disse. – Eu *sinto*. – Ele me olhou firmemente, com extrema seriedade.

Ele voltou à pia, encheu a mamadeira, esvaziou-a, ligou a torneira, esguichou água, riu enquanto despejava água na bancada da pia e no chão.

– Deixa tudo encharcado! – ele gritou. – Apronta uma grande bagunça!

---

[5] "You are welcome", como resposta a um agradecimento, significa "de nada", "por nada", "não por isso". Fora desse contexto, significa "você é bem-vindo". (N.T.)

Ele reparou em uma lata de saponáceo em pó em uma prateleira acima da pia. Ele trepou e a apanhou.

– O que é essa lata? – ele perguntou.

– Saponáceo em pó – respondi.

Ele cheirou, derramou um pouco na mão, observou e então, de repente, enfiou na boca para ver que gosto tinha.

– Ah, Dibs, não! – exclamei. – Isso é saponáceo em pó. Não é bom colocar na boca!

Ele se virou para mim e me encarou friamente. Aquela minha reação súbita foi inconsistente.

– Como posso saber que gosto tem, sem provar? – ele perguntou, com dignidade.

– Eu não conheço nenhuma outra forma – disse-lhe. – Mas não posso deixar você engolir. Não é bom.

Ele cuspiu na pia.

– Por que você não enxagua a boca com um pouco de água? – sugeri.

Ele enxaguou. Mas minha reação o havia perturbado. Ele devolveu o saponáceo à prateleira e me lançou um olhar frio.

– Me desculpe, Dibs. Acho que eu não estava pensando. Mas não gostaria de ver você engolir um punhado tão grande de saponáceo.

Dibs mordeu os lábios e foi até a janela. Ele estava pronto para vestir sua armadura protetora de sentimentos feridos quando voltou à pia. Encheu a jarra de água e despejou na bancada, em seguida colocou as mamadeiras na água e encheu a pia. Chocou uma mamadeira contra a outra, e a água corria com uma força enorme. Ele ria enquanto deslizava as mamadeiras na água e, por fim, soltou uma delas que acabou atingindo a torneira.

– Elas podem quebrar e cortar! – ele gritou. – Você está com medo por mim?

– Acho que você consegue cuidar disso – respondi, tendo aprendido a lição.

Ele retirou as mamadeiras de vidro da pia e colocou lá dentro as louças de plástico.

– Lá vão elas girando pra baixo. Xicrinhas. Pirezinhos. Pratinhos. Venha, água. Venha, jogue. – Ele usou uma xícara para jogar água na sala, gritando de alegria. – Volte. Volte! – ele gritou. – Cuidado com a sua roupa. Fique longe e preste atenção, ou vai ficar toda molhada.

Eu recuei para um canto mais seguro, e Dibs continuou a jogar água.

– Eu nunca fiz uma bagunça tão maravilhosa em toda a minha vida – ele gritou. A pia estava se enchendo, a água cada vez mais perto do ponto de transbordamento. – Olhe pra água! Vai ser como uma cachoeira. Vai transbordar.

Ele ficou em frente à pia observando, pulando. Mergulhou as mãos e os braços na água e levou as mãos molhadas ao rosto, espirrando água em seu rosto.

– Ah, água molhada, molhada, tão fria, tão rápida – ele disse.

Em seguida, ele se curvou até que seu rosto encostasse na água. Quando a água começou a transbordar, ele rapidamente fechou a torneira.

– Vou deixar sair um pouco de água – ele anunciou, e deslizou as xícaras e pires em círculos dentro da água. Afundou facas, garfos e colheres de plástico. – Essas coisinhas podem descer pelo cano – explicou, e as retirou da pia para pousar na bancada. – Já chega disso – ele disse, puxando a tampa do ralo. A água gorgolejou pelo cano. Ele esticou a mão na direção da torneira de água quente.

– Essa água é muito quente, Dibs – falei. – Abra a água fria primeiro.

Dibs reordenou os garfos, contando-os. Rapidamente se endireitou, ligou a água quente e pôs o dedo sob o jato, retirando-o às pressas.

– Está quente! – ele exclamou.

– Você quis descobrir por si mesmo. Agora você sabe – falei.

– Sim. Quente demais.

Ele apanhou a mamadeira que estava na mesa, colocou o bico na boca e sugou. Sentou-se na cadeirinha ao lado da mesa, muito quieto, mamando.

– Eu não sou muito velho – ele disse.

– Não é?

– Não. Só tenho seis anos.

– Agora você não está se sentindo muito velho, está?

– Não – ele continuou a mamar, olhando para mim. Por fim, soltou a mamadeira. – A senhorita A mora neste prédio grande de tijolos – ele disse.

DIBS EM BUSCA DE SI MESMO

– Ela mora na sala dezessete. É a sala dela. Ela pertence a algum lugar. E a sala dezessete é a dela. É a minha sala também.

– Ela pertence a nós dois, é?

Dibs assentiu.

– Esse é um lugar muito gostoso pra estar. E o seu escritório, também. Vamos ao seu escritório. Vou levar meu conjunto de mensagem comigo.

Fomos para o meu escritório. Dibs mais uma vez sentou-se na cadeira à escrivaninha. Examinou a nova luminária de mesa, acendeu e depois abriu a caixa contendo o brinquedo.

– Isso manda mensagens – ele disse.

– Que tipo de mensagens? – perguntei.

– Só mensagens. Esse é o código para o "a". Esse é o código para o "b". Eu vou mostrar pra você o código pra todas as letras do alfabeto. – Ele teclou o código para cada letra.

– Meus braços estão rachados – ele disse. – É por isso que a pele está áspera. Eu vou ter que esfregar creme neles. Ah, olhe que livrinho bonito. – Ele apanhou o livro. – Estou vendo que você tem um *Pequeno dicionário Oxford*. Vou procurar uma palavra nele. Vamos ver. F-e-r-m-e-n-t-o. Isso forma "fermento". Vou procurar e ler a definição pra você. – Ele encontrou a palavra, leu a definição. – Isso é o que você põe no pão. Eu gosto de procurar palavras no dicionário. Você entende o código?

– Se eu puder olhar a legenda na tampa – respondi.

– Está bem. Você olha. É uma mensagem importante.

– Acho que peguei – falei, após decodificar.

– O que ela diz?

– Diz: "Eu sou Dibs. Eu sou Dibs. Eu sou Dibs".

– Isso mesmo! Isso mesmo! – ele gritou. – Agora, esta. – Ele teclou no pequeno telégrafo.

– Eu gosto de Dibs. Você gosta de Dibs. Nós dois gostamos de Dibs – eu li a mensagem de volta para ele. Ele bateu palmas.

– Isso mesmo! – ele gritou. – Nós gostamos! – Ele sorria, feliz. – Agora, você escreve alguma coisa, e eu vou responder. Pergunte alguma coisa.

Eu pressionei as teclas para: "Quantos anos você tem?"

– Tenho seis – ele escreveu em resposta. – Acabei de fazer aniversário. Eu gosto de mim. Você gosta de mim. Eu vou guardar essas mensagens.

Ele dobrou o papel no qual havíamos escrito nossos códigos e o arquivou no fichário atrás do próprio cartão.

– Tudo atrás do A é seu. Tudo atrás do meu cartão é meu. Eu vou tirar todo o resto daqui. Um cartão pra você. Um cartão pra mim. Só os nossos dois cartões juntos nessa caixa. E nenhum outro.

– Você só quer o seu cartão e o meu cartão na caixa? – perguntei.

– É. Só nós dois. Mais ninguém.

Ele pôs a tampa no brinquedo.

– Esse conjunto é legal. Foi presente de aniversário. A mamãe que me deu. O papai me deu um conjunto de química. A Dorothy me deu um livro. E a vovó me deu um conjunto de música. Ela mandou pra mim pelo correio, com umas balas de goma e umas bexigas em uma caixa. – Ele riu. – Ela me mandou um urso de pelúcia, no ano passado. Ele é meu bichinho de estimação de verdade.

– Você gosta muito do seu urso de pelúcia, não gosta? Você parece gostar de todos os presentes que ganhou de aniversário – comentei.

– Gosto – ele disse. – E do cartão de aniversário, também. Eu gostei do cartão que você me mandou. Eu gostei do meu aniversário deste ano.

– Fico contente que tenha gostado – respondi.

– Está quase na hora de ir embora, não está? – ele disse, virando o relógio de mesa para si.

– Sim.

– Vou ter só mais três minutos disso – ele disse, cruzando as mãos à sua frente, sobre a mesa. – Estou sendo feliz.

Quando o horário acabou, ele pegou o conjunto telegráfico e foi para a porta.

– Tchau, senhorita A – ele disse.

– Tchau, Dibs.

– Você fica aqui – ele disse. – Eu vou voltar na próxima semana.

CAPÍTULO QUINZE

– Boa tarde – Dibs disse, ao entrar na brinquedoteca. – Mais um dia me traz a esta sala mágica onde eu faço o que tiver para fazer. Hoje eu planejei as coisas que tenho que fazer.

– Então, você tem planos para hoje? – comentei. – Bem, qualquer coisa que decidir fazer, você é quem sabe.

Ele andou ao redor da brinquedoteca olhando para a caixa de areia, estudando a casa de bonecas, pegando cada membro da família de bonecas.

– Vejo que o papai está aqui – ele disse. – E a mãe. E tem a irmã e o menino. Eles estão todos aqui na casa. – Ele os devolveu, foi até a janela e olhou para fora por um longo intervalo, em silêncio.

– A família está lá na casa – comentei; depois, juntei-me a ele em silêncio, enquanto ele continuava olhando pela janela. Por fim, deu um suspiro profundo. Virou-se parcialmente e me olhou.

– Existem tantas coisas no mundo – ele disse. – Só de olhar por essa janela eu vejo tantas coisas maravilhosas. Árvores grandes e fortes. E uma igreja que sobe até o céu. Vejo gente passando. Tem todo tipo de gente. Vejo uns carros e uns caminhões. E essas pessoas. Existe todo tipo de pessoa. Às vezes, eu tenho medo das pessoas.

– Às vezes você tem medo das pessoas? – repeti, esperando que ele se sentisse encorajado a prosseguir.

– Mas às vezes eu não tenho medo das pessoas – ele acrescentou. – Eu não tenho medo de você.

– Você não sente medo quando está comigo?

– Não – ele disse, e suspirou. – Eu não tenho medo quando estou com você.

Ele andou até a caixa de areia e peneirou a areia com os dedos.

– Areia é útil para um monte de coisas – ele disse. Pegou a pá e começou a cavar um buraco profundo. – Alguém poderia ser enterrado neste buraco – ele disse. – Mas só poderia.

– Oh. Alguém poderia ser enterrado aí?

– Mas também poderia não ser – ele acrescentou, afastando-se da ideia.

– Você ainda não tomou uma decisão? – perguntei.

Ele se afastou da caixa de areia, atravessou a sala até a mesa e manuseou distraidamente os lápis de cor.

– Eu sou um menino – ele disse lentamente. – Eu tenho um pai, uma mãe, uma irmã. Mas eu tenho uma avó, e ela me ama. A vovó sempre me amou. Mas o papai, não. O papai nem sempre me amou.

– Você tem certeza do amor da vovó, mas não tanta certeza que o papai sempre tenha amado você?

Dibs retorceu as mãos.

– O papai gosta mais de mim, agora – ele disse. – O papai conversa comigo.

– Você sente que o papai gosta mais de você agora? – observei. Senti que aquela era uma situação muito delicada, e que tentar extrair mais, à força, faria com que Dibs fugisse correndo para baixo de seu silêncio defensivo impassível.

– Um pouco mais – Dibs disse.

Ele retorcia as mãos como se estivesse se sentindo agitado.

– Eu tenho um microscópio. Eu vejo muita coisa interessante no microscópio. Consigo ver essas coisas maiores do que elas são e assim as conheço melhor. Tem coisa que você consegue ver em um microscópio que não estão lá, sem ele.

DIBS EM BUSCA DE SI MESMO

Dibs tinha partido de novo para o mundo seguro de seu intelecto. O microscópio era uma coisa. Não havia por que ter medo daquele objeto. Não havia sentimentos associados a ele.

– Tem momentos em que você acha o microscópio interessante – eu disse, e aguardei.

Dibs pegou um lápis de cor. Fez marcas à toa no papel, sem significados.

– Aqui eu estou seguro – ele disse. – E sei que você não vai deixar nada me machucar.

– Você se sente seguro aqui comigo – observei.

Dibs estava se aproximando de alguma coisa importante para ele. Eu precisava proceder com máxima cautela, para não ser um obstáculo para ele forçá-lo a avançar antes que se sentisse pronto. Ele foi até a casa de bonecas, tirou as bonecas de dentro e arrumou a mobília.

– Minha mãe vai sair pra passear no parque – ele disse. – Ela quer ficar sozinha, então vai andar no parque onde ela pode ver árvores, flores e pássaros. Ela até vai ao lago para observar a água. – Ele moveu a mãe boneca até o parque imaginário. – Ela encontra um banco e se senta pra sentir o sol, porque ela gosta de sol. – Ele posicionou a mãe boneca em cima um bloco, voltou para a casa e pegou a boneca irmã. – A irmã vai embora pra escola. Eles arrumaram as malas e a mandaram embora de casa, e ela vai pra bem longe sozinha. – Ele afastou a boneca irmã para um canto distante na brinquedoteca.

Em seguida, voltou à casa de bonecas e pegou a boneca pai.

– Ele está em casa sozinho, lendo e estudando, e não quer ser interrompido. Ele está totalmente sozinho. Ele não quer ser incomodado. Ele acende o cachimbo e fuma porque não consegue decidir o que fazer. Então, ele vai e destranca o quarto do menininho. – Ele rapidamente larga a boneca pai e pega a boneca menininho. – O menino abre a porta e sai correndo da casa porque ele não gosta das portas trancadas. – Ele desloca a boneca menino, mas não para muito longe da casa.

Dibs enterrou o rosto nas mãos e ficou muito quieto, os minutos escorrendo. Ele suspirou profundamente e pegou a boneca pai.

– Então, o papai sai para dar um passeio também, porque ele não sabe o que fazer. Ele desce a rua e encontra montes de carros, ônibus e trânsito, fazendo um barulhão, e o papai não gosta. Mas ele está descendo a rua até a loja de brinquedos e lá compra uns brinquedos novos e maravilhosos para o menino. Ele *pensa* que talvez o menino gostaria de um microscópio. Então, ele compra e volta para a casa.

Dibs se levantou e andou pela sala, olhando para mim de tempos em tempos. Depois, ficou de joelhos ao lado da casa de novo e pegou a boneca pai.

– Ele chamou e chamou o menino, e o menino entrou correndo. – Dibs trouxe a boneca do menino de volta para perto do pai. – Mas o menino entrou correndo tanto que bateu na mesa e derrubou a luminária. O pai gritou que o menino era burro, um menino tonto e descuidado! "Por que você fez isso?", ele perguntou, mas o menino não respondeu. O pai estava muito bravo e mandou o menino ir para o quarto. E falou que ele era uma criança burra, e tonta, e que tinha vergonha dele.

Dibs estava tenso, imerso na cena que estava representando. Ele olhou para mim e deve ter sentido que eu estava tão profundamente mergulhada na experiência quanto ele.

– O menino escapou da casa e se escondeu – Dibs sussurrou. – O pai não reparou no que aconteceu. Daí…

Ele se levantou e correu pela sala em busca da boneca mãe e a trouxe de volta para a casa.

– Daí, a mãe tinha terminado a visita ao parque e voltou para casa. O pai ainda estava muito bravo e contou pra mãe o que o menino burro tinha feito. E a mãe falou: "Ah, minha nossa! Minha nossa! Qual é o problema dele?". De repente, veio um menino gigante. Ele era tão grande que ninguém conseguia machucá-lo de jeito nenhum. – Dibs ficou de pé. – Esse menino gigante viu a mãe e o pai na casa e ele escutou as coisas zangadas que eles falavam. Então, ele decidiu ensinar uma lição pra eles. Ele deu a volta na casa, trancando todas as janelas e portas, pra eles não conseguirem sair. Os dois estavam trancados.

Ele olhou para mim. Seu rosto estava pálido e severo.

– Você está vendo o que está acontecendo?

– Sim. Vejo o que está acontecendo. O pai e a mãe foram trancados na casa pelo menino gigante.

– Daí o pai diz que vai fumar seu cachimbo, pega o cachimbo e alguns fósforos, acende um palito e deixa cair no chão, fazendo com que a sala pegue fogo. A casa está pegando fogo! E eles não podem sair, estão trancados na casa, e o incêndio está se espalhando cada vez mais rápido. O menininho vê os dois na casa onde eles estão trancados e queimando e ele fala: "Eles que queimem! Eles que queimem!"

Dibs avançou na direção das bonecas mãe e pai com gestos rápidos, como se estivesse tentando salvá-las, mas recuou e protegeu o rosto como se o fogo imaginário estivesse queimando seu rosto enquanto ele tentava salvar o pai e a mãe.

– Eles gritam, berram e batem na porta, querendo sair. Mas a casa está pegando fogo, eles estão trancados e não conseguem sair. Eles gritam e chamam pedindo ajuda.

Dibs uniu as mãos com força, e lágrimas desciam por seu rosto.

– Eu choro! Eu choro! – ele gritou para mim. – *Pucausa* disso eu choro!

– Você chora porque a mãe e o pai estão trancados na casa e não podem sair e a casa está pegando fogo? – falei.

– Ah, não – Dibs respondeu. Um soluço dominou sua voz e a cortou. Ele cambaleou pela sala em direção a mim e atirou os braços ao redor do meu pescoço, enquanto derramava lágrimas amargas. – Eu choro porque sinto de novo a dor das portas fechadas e trancadas contra mim.

Ele soluçou. Pus os braços ao redor dele.

– Você está se sentindo de novo do mesmo jeito que se sentia quando estava sozinho?

Dibs espiou de volta para a casa de bonecas. Enxugou as lágrimas e ficou ali parado, respirando pesadamente.

– O menino vai salvar os dois – ele disse, e levou a boneca menino até a casa. – Eu vou salvar vocês! Eu vou salvar vocês! – ele gritou. – Eu vou destrancar as portas e deixar vocês saírem. E assim o menininho destrancou as portas e apagou o fogo e o pai e a mãe dele foram salvos.

Ele voltou até mim e tocou minha mão. Sorriu palidamente.

– Eu os salvei – ele disse. – Eu não deixei que eles ficassem queimados e machucados.

– Você os ajudou. Você os salvou – eu disse.

Dibs se sentou à mesa, olhando fixamente em frente.

– Eles me trancavam no meu quarto – ele disse. – Não fazem mais isso, mas antes eles faziam.

– Trancavam? Mas não trancam mais?

– Não trancam mais – Dibs disse, e um suspiro trêmulo escapou dele. – O papai me deu mesmo um microscópio, e eu me divirto muito com ele. – Dibs se levantou da mesa e caminhou pela brinquedoteca até o local onde havia deixado a boneca irmã. Ele a levou de volta para a casa e colocou as quatro bonecas em cadeiras na sala de estar.

Em seguida, Dibs voltou à mesa e pegou um lápis de cor preto. Ele coloriu um pedaço de papel de desenho em preto sólido, exceto por um minúsculo círculo no centro do papel, que coloriu de amarelo. Dibs não fez nenhum comentário sobre o desenho e, quando terminou, guardou os lápis de cor de volta na caixa. Depois, foi até a caixa de areia, pegou uma pá e preencheu lentamente o buraco que havia cavado mais cedo na sessão.

Foi uma sessão difícil para Dibs; seus sentimentos o rasgaram sem piedade. As portas trancadas em sua infância causaram-lhe um sofrimento intenso. Não era apenas a porta trancada de seu quarto em casa, mas todas as portas de aceitação que haviam sido fechadas e trancadas contra ele, privando-o do amor, do respeito e da compreensão de que ele precisava tão desesperadamente.

Dibs pegou a mamadeira e sugou brevemente. Depois, pousou-a e olhou fixamente para mim.

– Eu não sou mais um bebê – ele disse. – Eu sou um menino crescido, agora. Eu não preciso da mamadeira.

– Você não precisa mais da mamadeira? – comentei.

Dibs sorriu.

– A não ser que de vez em quando eu queira ser bebê de novo – ele disse. – Do jeito que eu me sentir. Do jeito que eu me sentir, eu vou ser.

Ele abriu os braços em um gesto expansivo.

– Cocoricó! – ele cacarejou. – Cocoricó!

Agora, ele estava relaxado e feliz. Quando saiu da brinquedoteca, parecia deixar para trás os sentimentos dolorosos que havia revirado ali.

CAPÍTULO DEZESSEIS

Quando Dibs chegou à brinquedoteca, sorriu alegremente enquanto olhava ao redor. Ele notou um pedaço de cerca que outra criança havia erguido no meio da caixa de areia.

– Tem uma cerca – ele disse. – E você sabe que eu não gosto de cercas. Vou tirá-la dali.

Rapidamente, ele retirou a cerca da caixa de areia. Depois, pegou a arma e a levou até a mesa, onde a guardou na gaveta. Ele reparou em uma pequena casa de bonecas quebrada na prateleira, pegou-a e a examinou.

– Vou consertar isso – ele disse. – Onde tem fita adesiva?

Eu peguei o rolo.

– De quanto você acha que vai precisar? – perguntei.

– Vinte e cinco centímetros – ele respondeu depressa, o que era mais ou menos o tamanho de que iria mesmo precisar. Cortei cerca de vinte e cinco centímetros e entreguei a ele.

– Assim está bom – Dibs disse. – Obrigado.

– De nada – respondi.

– Bom, você é bem-vinda também! – Dibs exclamou. – E agora eu vou abrir a janela pra deixar entrar ar fresco.

Ele abriu a janela.

– Entre, ar – ele falou alto. – Entre e fique com a gente. – Ele sorriu para mim. – O papai não gosta que eu fale com o ar, mas aqui eu vou falar, se eu sentir vontade.

– Aqui, se você sentir vontade, tudo bem – observei.

– O papai diz que gente só conversa com gente – Dibs disse. Havia um brilho em seus olhos. – O papai diz que eu devia falar com ele, mas eu não falo. Eu escuto, mas não converso com ele. E, com frequência, eu não respondo pra ele. Isso o irrita muito.

Conversar havia se tornado uma questão difícil entre os dois, e Dibs era um especialista em conter a fala como modo de se vingar do pai crítico.

– "Bom dia", ele falou pra mim – Dibs prosseguiu. – Eu não olho pra ele. Eu não respondo. "Qual é o seu problema?", ele fala. "Eu sei que você sabe falar." Mas eu não falo nada. Eu não olho pra ele. Eu não respondo. – Dibs deu risada. – Ele fica tão bravo!

Ele voltou à mesa, abriu a gaveta e pegou a arma. Em seguida, atravessou até a janela aberta e olhou para fora, observando um caminhão grande passar. Depois, virou-se para mim e me perguntou:

– Posso jogar essa arma? – ele perguntou.

– Se você fizer isso, não vamos conseguir pegá-la de volta.

– Eu ficaria lá embaixo, bem debaixo da janela.

– Eu sei, mas nós não poderíamos sair agora para pegar a arma de volta.

– Mais tarde pode sumir – Dibs disse. – Alguém pode encontrar e levar embora.

– Sim. É possível.

– Bom, então eu não vou jogar pra fora – Dibs decidiu.

Ele andou até a casa de bonecas e olhou para a família de bonecas. Em seguida, ele levantou a boneca que representava o pai e apontou a arma para ela.

– Não diga uma palavra, ou eu atiro em você – ele disse para a boneca. – Não abra a boca nem mais uma vez. – Ele armou o gatilho. – Estou me preparando. Se você não tomar cuidado, vou atirar em você.

Ele abriu a parte inferior da casa de bonecas.

DIBS EM BUSCA DE SI MESMO

– Eu vou esconder a arma aqui embaixo no porão – disse. – Ninguém vai se machucar. – Ele pôs a arma na parte inferior da casa e fechou a porta. Depois, veio até mim com um ligeiro sorriso iluminando seu rosto.

– Tem crianças na minha classe, na escola – ele disse, após uma longa pausa. – Tem o Jack, o David, o Carl, o Bobby, o Jeffrey, a Jane e a Carol. Tem um monte de crianças na minha classe da escola.

– Um monte de crianças na escola com você? E você sabe o nome de algumas delas, não sabe?

– Eu sei o nome de todas elas – Dibs disse. – Tem meninos e meninas. Eles são muito interessantes.

Aquela foi a primeira vez que Dibs mencionou meninos e meninas específicos de sua turma na escola e que demonstrou interesse por eles. Isso me fez pensar que, em algum ponto do caminho, seria interessante considerar a ideia de fazer uma terapia em grupo para Dibs, para dar a ele a oportunidade de fazer parte de um pequeno grupo e de interagir com outras crianças. No entanto, eu não tinha recebido nenhuma informação e não tinha meios de saber quais progressos ele estava fazendo, então decidi perguntar diretamente a Dibs o que ele achava de ideia de trazer outra criança para a brinquedoteca com ele.

– Dibs, você gostaria que outro menino ou menina viesse aqui brincar com você às quintas-feiras?

Dibs pareceu quase dar um pulo e me encarou com um olhar zangado.

– Não! Não! – ele gritou. – Não quero mais ninguém aqui!

– Você não quer outra criança aqui com você? – perguntei.

Dibs pareceu desmoronar.

– Ninguém viria – ele disse, tristemente.

– Você acha que ninguém mais viria? É por isso que falou "não"?

– Não – ele murmurou. – Ninguém gosta de mim. Ninguém viria.

– Mas, se outra criança viesse e quisesse ficar com você, isso faria alguma diferença? – perguntei, tentando empurrar-lhe a ideia.

– Não! – Dibs gritou. – Aqui é meu! Não quero que mais ninguém venha aqui nunca. Quero aqui só pra mim e pra você. – Ele parecia à beira das lágrimas e virou-se de costas para mim.

– Eu entendo, Dibs. Se você quer que aqui seja só para você e para mim, então é assim que vai ser.

– Vai ser assim – disse Dibs. – Eu quero aqui todo só pra mim e que ninguém mais venha aqui nunca.

– Está bem, será como você quer – respondi.

Dibs foi até a janela e olhou para fora. O silêncio caiu sobre nós dois.

– Tem crianças na minha classe na escola – ele disse, após um silêncio prolongado. – Eu... – Ele hesitou, virou-se e me fitou. – Eu... gosto... delas – ele disse, gaguejando um pouco. – Eu quero que gostem de mim, mas não as quero aqui com a gente. Você é só pra mim. Uma coisa especial só pra mim. Só nós dois.

– Você gosta das outras crianças, mas quer manter esse horário só para nós dois?

– Sim. Isso mesmo. – Os sinos tocaram. – Quatro horas. Sinos das quatro horas e flores das quatro horas. E o sol está no céu. E tem girassóis. Tem tantas coisas diferentes.

– Sim – falei.

Ele foi até a pia e ligou a torneira na vazão máxima. Depois reduziu o fluxo a um filete. Olhou para mim e disse, bem seriamente:

– Eu posso fazer a água pingar e jorrar. Do jeito que eu quiser.

– Sim. Aqui você pode lidar com a água do jeito que quiser.

– Eu posso fechar. Eu posso abrir – ele disse.

– Você consegue controlar – comentei.

– Sim – ele disse, lenta e deliberadamente. – Eu consigo. Eu. Eu. Eu... – Ele perambulou pela brinquedoteca dando tapinhas no peito, dizendo "Eu. Eu. Eu. Eu". Parou à minha frente. – Eu sou o Dibs. Eu consigo fazer coisas. Eu gosto do Dibs. Eu gosto de mim. – Sorriu alegremente e começou a brincar com a água.

Ele colocou a mamadeira na pia e abriu a torneira no máximo. A água espirrou por toda a brinquedoteca. Ele deu um pulo para trás e riu com muito entusiasmo.

– Não me molhe! – ele gritou. – Eu consigo pular pra trás e escapar. Eu consigo fazer uma coisa quanto a isso. – Ele colocou um frasco pequeno dentro de um maior. Segurou um frasco no alto e despejou a água no frasco menor. – Ah, eu consigo fazer coisas – ele exclamou. – Eu consigo fazer isso e isso e isso. Eu sei fazer experimentos. – Com água e vários recipientes, ele conduziu os experimentos. – Isso é legal! – Ele gritou. – Coisas juntas fazem coisas legais. Aqui, eu posso ser grande como o mundo. Posso fazer o que quiser. Sou grande e poderoso. Posso fazer a água vir e ir embora. Qualquer coisa que eu quiser fazer, posso. Oi aí, garrafinha. Como vai? Você está se divertindo? Não converse com a garrafinha. Ela é apenas uma coisa. Converse com pessoas. Converse com pessoas, estou dizendo. Oi, John. Oi, Bobby. Oi, Carl. Converse com pessoas. Mas eu quero dar oi pra garrafinha e, se quiser, aqui, posso?

Rapidamente ele apanhou a mamadeira e o bico.

– Põe isso pra mim – ele pediu. Eu coloquei, enquanto ele segurava a mamadeira.

Ele mamou e ficou olhando para mim enquanto mamava.

– Quando eu quero ter dois anos ou ser um bebê, eu posso. Quando eu quero ser crescido, eu posso. Quando eu quero conversar, eu converso. Quando eu quero ficar quieto, eu fico. Não é assim que é?

– Sim. É assim que é – eu disse.

Ele retirou o bico e bebeu do gargalo.

– Me deixe mostrar uma coisa interessante – ele disse.

Ele pegou alguns copos, alinhou-os e depois despejou diferentes volumes de água em cada um. Ele pegou uma colher e bateu de leve em cada copo.

– Está ouvindo os sons diferentes? Eu consigo fazer cada copo soar de um jeito. A quantidade de água no copo faz a diferença. Escute quando eu bato no cano. E nesta caixinha. Cada som é diferente. E tem sons que eu não faço, mas eles acontecem. O trovão é um som. E deixar cair coisas faz barulho. A mamadeira faz um barulho. É. Eu posso fazer todos os tipos de sons. E posso ficar tão quietinho. Eu posso não fazer absolutamente nenhum barulho. Eu posso fazer silêncio.

– Você consegue fazer barulhos e silêncio – eu disse.

Ele mantivera as mãos na água por um longo tempo. Esticou-as para mim.

– Olhe. Minhas mãos estão enrugadas.

– Estou vendo.

– Agora, eu tenho uma coisa muito importante para fazer – ele anunciou, e posicionou os potes de tinta no suporte do cavalete, de modo aleatório. – Olhe pra isso – ele disse. – Vermelho, azul, amarelo, cinza, laranja, roxo, verde, branco. Tudo misturado. E eu coloquei o pincel errado em todas as cores. – Ele fez exatamente isso. Recuou, olhou para o cavalete e riu. – Nem um pouco do jeito de antes. Assim é que estão, bagunçados. E com o pincel errado no pote errado. Foi assim que eu fiz. Eu fiz tudo errado. – Ele riu.

– Então você misturou tudo, as tintas e os pincéis – eu disse.

– Sim. Uma grande bagunça. Uma confusão. Provavelmente, a primeira bagunça real que eu já fiz. Mas agora eu preciso colocar as tintas na ordem apropriada e tirar os pincéis e fazer corretamente. – Ele começou a arrumar as tintas e a arrumar a bagunça.

– Você sente que precisa colocar as tintas em uma ordem determinada? – perguntei.

– Ah, sim. Tem doze pincéis e doze cores. – Ele riu. – Ora, vamos, Dibs, arrume direito – ele disse. – Tem um jeito certo de fazer tudo e de deixar tudo na ordem apropriada.

– Você acredita que elas deveriam sempre estar em uma determinada ordem?

– Ah, sim – ele respondeu com um sorriso. – Quer dizer, a não ser que elas estejam misturadas.

– Então de qualquer forma está tudo bem?

– Aqui – ele disse. – Lembre-se: aqui, está tudo bem só ser.

Ele veio até mim e afagou minha mão.

– Você entende. – Ele disse com um sorriso. – Vamos ao seu escritório. Vamos visitar você no seu escritório.

– Nós podemos ficar lá pelo restante do horário, se você quiser – eu respondi.

A caminho do meu escritório, ele andou pelo corredor ansiosamente. Havia sobre minha escrivaninha um pacote de ex-libris[6]. Ele os apanhou.

– Posso abrir e usar? – ele perguntou.

---

[6] Etiqueta ou carimbo que se coloca no interior da capa ou na primeira folha de um livro, para identificar o proprietário. (N.T.)

DIBS EM BUSCA DE SI MESMO

– Se você quiser.

Ele foi até a prateleira de livros e analisou os volumes com atenção. Ele escolheu um e leu o título: *Apresentando seu filho ao mundo exterior*. Em seguida, foi até a janela e olhou para fora.

– Oi, mundo – ele disse. – Bem, está um lindo dia lá fora, e perfumado também. Ah, e ali vem meu amigo caminhão.

Ele observou em silêncio por um longo intervalo.

– Oi, caminhão – ele disse, suavemente. – Oi, homem. Oi, mundo. – Ele sorriu alegremente.

Depois ele voltou à escrivaninha e pegou o *Pequeno dicionário Oxford*.

– Velho livrinho cheio de palavras – ele disse. – Vou colocar dois aqui: meu pequeno dicionário e um livro de palavras de capa azul. – Ele colou dois ex-libris no livro, depois se recostou na cadeira da escrivaninha e olhou para mim, com um grande sorriso no rosto. – Logo vai ser hora de ir pra casa. E, quando eu for, vou estar todo feliz por dentro. Daí eu vou voltar de novo na próxima quinta, lembre-se, só eu e você, ninguém mais.

– Vou me lembrar – respondi. – Se você quer esse horário só para você, por mim está tudo muito bem.

– Quero para nós dois – Dibs cochichou. – Pra mais ninguém, ainda.

– Então é assim que vai ser – eu disse. – Para mais ninguém, ainda.

Eu me perguntei se por acaso uma semente teria sido plantada e ele pudesse indicar que gostaria de trazer um amigo no futuro. Se não aqui, ele talvez tivesse um amigo na escola.

A campainha soou, indicando a chegada da mãe.

– Tchau – ele disse. – Eu vou voltar na próxima quinta e me encher de novo com felicidade.

Quando ele saiu, na presença da mãe, olhou para mim.

– Tchau de novo – ele disse, então se virou e desceu o corredor correndo tão rápido quanto podia, virou-se, correu de novo e atirou os braços ao redor da mãe. – Ah, mãe, eu te amo! – ele gritou, enquanto a abraçava.

Ficamos surpresas com aquela manifestação espontânea de Dibs. Os olhos da mãe se encheram de lágrimas repentinas. Ela moveu a cabeça em despedida e partiu, apertando a mãozinha dele com força.

CAPÍTULO DEZESSETE

No dia seguinte, a mãe de Dibs telefonou para agendar uma consulta. Fiquei contente por poder vê-la no mesmo dia. Ela entrou no escritório com uma ansiedade contida. A manifestação espontânea de Dibs no dia anterior a havia arrancado de sua postura defensiva.

– Eu queria que você soubesse como nós estamos gratos – ela disse. – O Dibs mudou tanto. Ele não é a mesma criança. Nunca antes eu o tinha visto expressar seus sentimentos tão livremente quanto ontem, quando estávamos saindo. Eu... Eu fiquei profundamente comovida.

– Sei que ficou – comentei.

– Ele está muito melhor – ela disse. Havia um brilho feliz em seu olhar e um leve sorriso nos lábios. – Ele está mais calmo e mais feliz. Ele não tem mais ataques de birra e dificilmente chupa o polegar. Ele olha diretamente para nós e nos responde quando falamos com ele, na maioria das vezes. Ele demonstra interesse pelo que está acontecendo na família. Às vezes, ele brinca com a irmã, quando ela está em casa, não sempre, mas às vezes brinca. Ele está começando a demonstrar certa afeição por mim. Às vezes, ele se aproxima de mim e, por iniciativa própria, faz um comentário sobre alguma coisa. Outro dia, ele entrou na cozinha, onde eu estava preparando bolinhos, e disse: "Vejo que você está ocupada

DIBS EM BUSCA DE SI MESMO

fazendo bolinho. Seus bolinhos são muito bons de comer. Você faz os bolinhos para nós". *Nós*. Acho que agora ele está começando a sentir que pertence à família. E acho... Bem, acho que eu estou começando a sentir que ele é um de nós.

"Eu não sei o que deu errado entre nós. Desde o começo eu me sentia tão perdida com ele. Eu me sentia tão completamente derrotada e ameaçada. O Dibs tinha destruído tudo para mim. Ele ameaçou o meu casamento e encerrou a minha carreira. Agora, eu me pergunto o que eu fiz para causar esse problema entre nós. Por que tudo isso aconteceu? O que posso fazer agora para ajudar a consertar as coisas? Eu me perguntei vezes sem conta, por quê? Por quê? Por quê? Por quê? Por que lutamos um contra o outro assim? Tanto assim que isso quase destruiu o Dibs. Lembro que, quando falei com você pela primeira vez, insisti em que o Dibs tinha alguma deficiência. Mas eu sabia que ele não tinha realmente uma doença mental. Eu vinha ensinando coisas a ele, testando-o e tentando forçá-lo a se comportar de um jeito normal desde que ele tinha dois anos, tudo sem nenhum contato real entre nós dois. Tudo era através de *coisas*. Eu não sei o que ele faz aqui na brinquedoteca. Eu não sei se você enxerga algum sinal de todas as coisas que ele sabe e consegue fazer. Ele sabe ler quase qualquer coisa que pega. Ele sabe desenhar as letras e escrever, e com sentido. Ele mantém registro das coisas pelas quais se interessa. Tem álbuns de recortes que ele mesmo fez de todos os diferentes tipos de cascas de árvore e folhas. Ele tem flores desidratadas. Um quarto cheio de livros, fotografias, coisas a partir das quais ele pode aprender, jogos educativos, brinquedos, material científico, um toca-discos e uma vasta coleção de discos. Ele ama música, especialmente clássica. Ele consegue identificar quase qualquer trecho de qualquer uma delas. Eu sei disso porque agora ele diz o que é, quando ponho um disco para tocar e lhe pergunto. Eu ponho o disco, paro de tocar depois de um pequeno trecho, pergunto o que é, e agora ele diz o nome. Passei muitas horas tocando aqueles discos para ele, dizendo o que eram, sem nunca saber realmente se estava conseguindo chegar até ele. Li centenas de livros para ele, enquanto ele ficava escondido debaixo da mesa. Conversei com ele constantemente, explicando tudo ao redor dele. De novo, de novo e de novo, encorajada apenas pelo fato de que ele se matinha próximo o bastante para ouvir e que olhava para as coisas que eu lhe mostrava."

Ela suspirou e abanou a cabeça em desespero.

– Eu tinha de provar alguma coisa para mim mesma – ela disse. – Eu tinha de provar que ele conseguia aprender. Eu tinha de provar que eu conseguiria ensiná-lo. Ainda assim, o comportamento dele era tal que eu nunca sabia quanto havia absorvido ou quanto tudo aquilo significava para ele. Eu o observava se inclinando sobre as coisas que eu tinha dado, quando estava sozinho no quarto, e dizia para mim mesma: "Ele não agiria assim se isso não significasse nada para ele". E, no entanto, eu nunca tinha certeza.

– A senhora deve ter se sentido extremamente perturbada e ambivalente em seus sentimentos em relação a ele – comentei. – Testando-o, observando-o, duvidando de si mesma e do Dibs. Tendo esperança e se desesperando, sentindo tamanha derrota e querendo compensá-lo de alguma forma.

– Sim – ela disse. – Sempre o testando. Sempre duvidando de sua capacidade. Tentando chegar mais perto dele e, durante todo o tempo, apenas construindo um muro entre nós. E ele sempre fez apenas o suficiente para me manter nisso. Eu não acredito que alguma criança tenha jamais sido tão atormentada com as constantes demandas feitas sobre ela, de passar neste teste ou naquele teste, sempre, sempre ele tinha que provar que tinha capacidade. Ele nunca teve paz, exceto quando a avó vinha visitá-lo. Eles tinham uma boa relação um com o outro. Com ela, ele relaxava. Ele não falava muito com ela, mas ela o aceitava do jeito que ele era, e ela sempre acreditou nele. Ela costumava me dizer que, se eu relaxasse e o deixasse em paz, ele se sairia muito bem. Mas eu não conseguia acreditar nisso. Eu sentia que precisava compensá-lo por todas as outras insuficiências que eu havia lhe dado. Eu me sentia responsável pelo modo como ele era. Eu me sentia culpada.

De repente, ela estava chorando.

– Eu não sei como pude fazer isso com ele – ela falou alto. – Minha inteligência parecia ter voado pela janela. Meu comportamento era compulsivo e completamente irrazoável. Eu conseguia ver a prova que eu queria ver, de que por baixo daquele comportamento peculiar existia habilidade. E

DIBS EM BUSCA DE SI MESMO

eu não suportava admitir para mim mesma que havia feito alguma coisa que tivesse provocado os problemas dele. Eu não suportava admitir que eu o rejeitei. Só consigo dizer isso agora porque não o rejeito mais. O Dibs é meu filho, e eu tenho orgulho dele.

Ela me observou inquisitivamente.

– Foi extremamente difícil para a senhora admitir seus sentimentos pelo Dibs. Mas agora os seus sentimentos mudaram, e a senhora o aceita, acredita nele e se orgulha dele?

Ela assentiu vigorosamente.

– Deixe-me mostrar mais uma coisa que ele consegue fazer. Ele sabe ler, escrever, soletrar e estudar coisas. E os desenhos dele são impressionantes. Deixe-me mostrar alguns desenhos dele.

Ela de repente exibiu um rolo de folhas que trouxera consigo. Ela removeu o elástico, desenrolou os papéis e os entregou para mim.

– Olhe para eles – ela disse. – Veja os detalhes e a perspectiva.

Observando os desenhos, notei que eram realmente incomuns para terem sido produzidos por uma criança de seis anos. Os objetos que ele desenhara eram precisos até o último detalhe. Em um deles, Dibs havia desenhado um parque com um caminho sinuoso de pedras na encosta, subindo uma montanha. A perspectiva era muito impressionante.

– Sim, eles são incomuns – eu disse.

Ela abriu os desenhos diante de si e os estudou. Depois, olhou para mim com uma expressão perturbada.

– Incomuns demais – ela disse baixinho. – Isso é o que me preocupa, com toda essa habilidade estranha. Eu me torturei com a ideia de que ele talvez fosse esquizofrênico. E, se isso fosse verdade, qual seria o valor dessa habilidade superior e antinatural? Mas agora eu me sinto libertada desse medo. Ele está começando a se comportar de maneira mais normal.

Aquela mãe tinha estudado medicina e sabia que seu diagnóstico poderia estar correto. O comportamento anormal que ela atribuíra a Dibs o mantinha separado de sua própria família e das outras crianças e adultos que conhecia na escola. Quando uma criança é forçada a provar que é capaz, o resultado geralmente é desastroso. Uma criança precisa de amor, aceitação e compreensão. Ela fica devastada quando confrontada com rejeição, dúvidas e testagens sem fim.

– Ainda estou confusa com tantas coisas – ela disse. – Se o Dibs tem uma habilidade superior, isso não deveria ser desperdiçado. As conquistas dele são algo para se orgulhar.

– Todas essas conquistas significam muito para a senhora, mesmo que ainda se sinta confusa sobre o desenvolvimento total dele, não é?

– Sim – ela respondeu. – As conquistas dele são muito importantes, tanto para ele quanto para mim. Eu me lembro de quando ele tinha dois anos. O pai dele disse que eu estava louca quando contei que o Dibs sabia ler. Ele disse que nenhuma criança de dois anos poderia aprender a ler, mas eu sabia que ele podia. Eu o ensinei a ler.

– Como ele aprendeu a ler? – perguntei.

– Eu dei a ele dois conjuntos de alfabeto de letras recortadas e mostrei cada letra, disse qual era e qual som tinha. Em seguida, organizei as letras em ordem, e Dibs ficou sentado, observando. Depois, tirei as letras da ordem e pedi para ele as organizar como eu tinha feito. No entanto, ele saiu correndo do quarto. Então, organizei as letras novamente e coloquei a outra caixa de letras ao lado delas. Então me afastei, e ele voltou para olhar. Formei pares com as outras letras, mostrando a posição certa e repetindo o nome de cada uma. Repeti o mesmo processo com o segundo conjunto de letras, pedi que fizesse os pares e, mais uma vez, ele saiu correndo do quarto. Sabendo que voltaria para olhar as letras se eu o deixasse sozinho, me afastei novamente. Na terceira vez, quando o deixei sozinho, ele conseguiu combinar as letras e, pouco depois, já conseguia organizá-las sozinho.

"Em seguida, eu peguei fotografias de todo tipo de coisa e expliquei a ele o que cada imagem mostrava, escrevi a palavra correspondente e expliquei também. Depois, formei palavras com as letras recortadas. Logo, Dibs estava fazendo isso, formando a palavra e colocando abaixo a foto correta. Bem, isso é ler. Então, eu dei a ele vários livros com figuras e palavras. Dei a ele livrinhos de histórias e os li vezes sem conta para ele. Também dei a ele discos de parlendas, desafios cantados, historinhas e poemas. Eu estava sempre tentando coisas novas. Ele aprendeu a mexer na vitrola e a ler os nomes dos discos. Eu dizia: "Me traz o disco sobre o trenzinho". Ele olhava a coleção toda e voltava com o correto, colocando-o em cima da mesa à minha frente. E acertava todas as vezes. Eu dizia: "Traga a palavra que diz 'árvore'". Ele trazia qualquer palavra que eu pedisse. Depois de algum tempo, o pai dele concordou que ele parecia estar lendo. Ele se debruçava sobre os livros. Então, de vez em quando, o pai lia para Dibs. Ele trazia coisas para casa e explicava em detalhes o que os objetos eram. Depois, deixava os objetos para que o Dibs os examinasse sozinho, mais tarde, quando os levasse para o quarto. Então, eu comecei com os números, e ele aprendeu depressa. Ele murmurava bastante, e eu sentia que ele estava falando consigo. Mas nunca existiu um contato real entre nós. Era por isso que eu me preocupava tanto com ele."

Sua voz diminuiu até sumir. Ela olhou pela janela por um longo período. A imagem que ela pintara de sua vida com Dibs continha certa frieza. Eu, na verdade, achava espantoso que o menino tivesse conseguido preservar sua integridade e receptividade. A pressão que havia sofrido era suficiente para levar qualquer criança a uma retração protetora. Ela provara a si mesma que Dibs conseguia executar as tarefas que ela apresentava. No entanto, ela sentia falta de um relacionamento mais próximo com o filho. Esse tipo de exploração da habilidade de uma criança, que exclui uma vida emocional equilibrada, pode destruí-la.

– Nós mandamos a irmã dele para a escola da minha tia, para que eu pudesse me concentrar no Dibs – ela disse, em voz baixa. – Eu fico me perguntando por que ainda considero essas conquistas tão importantes. Ele era apenas um bebê quando comecei a forçá-lo a se provar para mim. Por que não consigo deixar que o Dibs seja simplesmente uma criança? *Minha* criança! E ficar feliz por ele. Lembro-me de ter dito a você que ele me rejeitou. Por quê? Por que eu rejeito meus próprios sentimentos? Por que tenho medo de ser uma pessoa emocional? Por que descarreguei sobre ele o relacionamento tenso que surgiu entre mim e meu marido? Porque foi isso o que aconteceu. Eu pensei que o papel de mãe não iria interessar nem segurar um homem tão brilhante. E ele nunca tinha desejado ter filhos. Nós rechaçamos qualquer indicação de que estávamos errando.

Culpa, derrota, frustração, fracasso. Esses eram os nossos sentimentos, e nós não aguentávamos lidar com eles. Culpar o Dibs era a maneira mais fácil de lidar com nossas emoções. Pobrezinho do Dibs. Tudo que corria mal entre nós era culpa dele. Tudo era culpa dele. Eu me pergunto se um dia conseguiremos compensá-lo.

– Houve muitos sentimentos intensos e perturbadores emaranhados nessa relação – eu disse. – A senhora nomeou alguns. Falou sobre seus sentimentos no passado. E quais são seus sentimentos agora?

– Meus sentimentos mudaram – ela disse lentamente. – Meus sentimentos estão mudando, e estou orgulhosa do Dibs. Eu o amo. Agora ele não precisa se provar para mim a cada minuto. Porque ele mudou. Ele precisou mudar primeiro. Ele precisou ser maior do que eu. E os sentimentos e as atitudes do pai dele também mudaram. Nós construímos muros tão alto ao nosso redor, todos nós. Não apenas o Dibs. Eu construí os meus próprios muros, e meu marido, também. E, se esses muros caírem, e eles estão caindo, então seremos muito mais felizes e unidos.

– Atitudes e sentimentos mudam. Acho que a senhora vivenciou isso.

– Sim, graças a Deus que sim – ela respondeu.

Talvez porque tinha sido aceita como era e não se sentia ameaçada como mãe, ela foi capaz de mergulhar profundamente nos próprios sentimentos e emergir com uma percepção e uma compreensão significativas.

Tantas vezes, uma criança é recusada em terapia se os pais se recusam a participar e obter ajuda para si mesmos. Ninguém sabe quantas crianças são rejeitadas por causa disso. Na maioria das vezes, é mais útil se os pais participam e trabalham em suas próprias questões no relacionamento. No entanto, também é verdade que os pais podem concordar com a terapia e serem tão resistentes que pouco se consegue. Se eles não estão prontos para a experiência, raramente conseguem se beneficiar dela. A postura defensiva de uma pessoa pode ser insuperável. Felizmente para Dibs, seus pais foram suficientemente sensíveis em relação ao filho para também mudarem sua compreensão e sua apreciação do crescimento dele. Não só Dibs estava encontrando a si mesmo, mas seus pais também estavam.

CAPÍTULO DEZOITO

Quando a senhorita Jane me telefonou na segunda-feira, fiquei muito ansiosa para ouvir o que ela teria a dizer sobre o comportamento do Dibs na escola. Certamente, uma parte do comportamento observado na brinquedoteca estava transbordando para a escola. Ela não me deixou em suspense.

– Tenho a felicidade de informar que vemos uma grande mudança no Dibs – ela disse. – Foi uma mudança gradual, mas estamos encantadas com ele. Agora, ele nos responde. Às vezes, ele até inicia uma conversa. Ele está feliz, calmo e demonstrando interesse pelas outras crianças. Fala muito bem na maior parte do tempo, mas, quando algo o aborrece, ele regride para o discurso abreviado e imaturo. Ele se refere a si mesmo como "eu" na maior parte do tempo. A Hedda não cabe em si de alegria. Estamos todas muito satisfeitas com ele. Pensamos que você gostaria de saber.

– Com toda a certeza estou contente por saber disso – respondi. – Poderíamos combinar algum tipo de encontro, para que eu possa ouvir mais detalhes sobre as mudanças no comportamento dele? Você, a Hedda e eu poderíamos almoçar juntas em breve?

– Nós adoraríamos – disse a senhorita Jane. – E sei que a Hedda também vai gostar. Ela foi promovida a este grupo porque pensamos que ela ficaria melhor com o Dibs. Ela claramente queria ficar com o ele e tem sido de grande ajuda.

Nós almoçamos juntas no dia seguinte, e foi muito reveladora a conversa que tivemos sobre o Dibs.

– Ele vinha lenta e gradualmente emergindo de seu isolamento autoimposto. Nenhuma de nós duvidara de que Dibs estava consciente de tudo que acontecia a seu redor. Nossas suposições estavam corretas – ele estivera ouvindo e aprendendo enquanto se afastava do grupo, ficando debaixo de uma mesa ou então de costas. Aos poucos, ele começou a se aproximar mais diretamente do grupo. No começo, respondia brevemente a perguntas dirigidas a ele. Depois, Dibs começou a fazer o que as outras crianças faziam. Quando entrava na classe pela manhã, retribuía os cumprimentos. Com cuidado, ele tirava seu casaco e chapéu e os pendurava no próprio gancho, no vestiário. Gradualmente, ele se aproximava mais das outras crianças, movendo sua cadeira para cada vez mais perto do grupo, para as histórias, músicas e conversas. De vez em quando, ele respondia a uma pergunta. Com grande habilidade, as professoras conduziram o grupo de forma a não concentrar a atenção em Dibs de uma só vez, permitindo que ele participasse ou falasse de forma mais natural e espontânea.

– Ele não tem ataques de birra há tanto tempo que nós nos esquecemos de que antes ele os tinha diariamente – Hedda disse. – Ele sorri para as outras crianças e para nós. Quando começou a ser um membro do nosso grupo, ele se aproximou de mim, pegou minha mão e conversou comigo muito brevemente. Tive a cautela de aceitar apenas o quanto ele quisesse me oferecer e nunca o pressionei. Fiz questão de reconhecer de um modo amigável tudo que ele fazia e dizia, para encorajá-lo a continuar. E depois, é claro, as outras crianças estavam tão entretidas com os próprios assuntos que aceitavam sem questionar qualquer coisa que o Dibs fizesse. Gradualmente, o Dibs começou a seguir orientações e conseguiu executar de maneira superior quaisquer instruções dadas. Depois, ele foi ao cavalete e pintou. Essa foi a primeira coisa que ele fez. Ele se concentrou na atividade como se estivesse produzindo uma obra de arte.

Hedda riu, pegou um canudo dos desenhos dele e abriu as folhas.

DIBS EM BUSCA DE SI MESMO

– Ele não é exatamente um artista – ela disse. – Mas pelo menos está fazendo alguma coisa.

Olhei para as pinturas e percebi que eram desenhos muito simples, típicos de crianças de seis anos: uma casinha primitiva, árvores e flores, todas em cores claras e brilhantes. No entanto, eu me perguntava por que o Dibs teria pintado tais imagens quando era capaz de criar arte muito mais complexa. Aquelas pinturas poderiam ser de qualquer criança da idade dele, e sua participação era estranha, considerando uma criança cujos desenhos e pinturas "domésticos" eram tão além da habilidade de sua idade.

– Trouxe outras atividades dele também – disse Hedda. – Aqui estão algumas histórias que ele escreveu. Ele conhece o alfabeto e consegue formar as letras e escrever umas poucas palavras.

Ela me entregou os papéis nos quais Dibs havia escrito, laboriosamente:

Eu vejo um gato.
Eu vejo um cachorro.
Eu vejo você.

– Nós temos cartões com figuras nas paredes da classe, com as palavras impressas sob os itens, e as crianças os consultam para saberem como escrever. E, quando uma criança quer escrever uma história, nós ajudamos. Algumas das nossas crianças estão começando a ler. Umas poucas inclusive já leem bastante bem. E o Dibs está começando a participar, agora, da leitura.

Olhei para as palavras que Dibs havia escrito tão desajeitadamente. Sentimentos confusos se engalfinhavam no meu interior. Aqueles pequenos desenhos simples. Aquelas breves frases simples. Por que estaria ele rebaixando suas habilidades? Ou seriam aqueles sinais de que Dibs estava se ajustando a um grupo de sua própria idade?

– E ele sabe ler também! – Hedda disse, entusiasmada. – Ele se juntou a um grupo de leitura. Ele se senta lá com as outras crianças, lutando com as palavras. E, quando chega sua vez, ele lê as palavras lentamente, não seguro de si, mas em geral corretamente. Na verdade, eu pensei que ele era capaz de ler melhor do que ele de fato lê, mas ele lê tão bem quanto qualquer outra criança do grupo e está se esforçando.

Fiquei perplexa com esse relato. Poderia significar diversas coisas. Com certeza, o entusiasmo das professoras era importante para o Dibs. Se eu contasse a elas que ele conseguia fazer muito mais do que aquilo, elas poderiam se sentir desencorajadas e insatisfeitas com o progresso dele. Dibs tinha vivido em dois mundos por tempo demais, para que qualquer uma de nós esperasse uma integração imediata e completa.

O progresso social do Dibs era o fator mais importante de seu desenvolvimento agora. Não havia dúvida quanto às suas habilidades, a menos que alguém quisesse levantar a questão sobre suas habilidades desperdiçadas. Porém, àquela altura do campeonato, o ajuste pessoal e social era mais importante para Dibs do que uma demonstração de sua habilidade para ler, escrever ou desenhar de um modo que superasse o de qualquer outra criança em sua turma. Que vantagem há em uma conquista intelectual elevada, se ela não pode ser usada construtivamente para o bem do indivíduo e para o bem dos outros?

– Então vocês acham que o Dibs está fazendo progresso na turma – eu disse, e meu comentário me pareceu fraco e inadequado.

– Ele adora música – a senhorita Jane disse. – Ele é sempre o primeiro do grupo. Ele conhece todas as músicas. Ele participa da banda rítmica[7].

– Você deveria vê-lo dançar – acrescentou Hedda. – Ele se oferece para ser um elefante, um macaco ou o vento, tudo por iniciativa própria. Ele é desajeitado no começo, mas, quando se envolve, se movimenta com graça e ritmo. Nós não o forçamos a nada, ficamos contentes com cada pequeno passo que ele dá e sentimos que ele gosta de ser um membro do grupo. E acredito que as atitudes da mãe em relação ao Dibs tenham se modificado tremendamente. Quando ela o traz ou vem buscá-lo, tem uma atitude mais acolhedora, agradável e feliz para com ele. Ele pega a mão dela e vai com ela de boa vontade. Ele é uma criança muito interessante!

---

[7] Banda rítmica é um método de familiarizar crianças com música, por meio da entrega a elas de instrumentos percussivos, para que marquem um ritmo simples, enquanto o professor toca uma melodia ao piano ou violão. (N.T.)

DIBS EM BUSCA DE SI MESMO

– Sim. Ele é uma criança muito interessante – observei. – Ele parece estar tentando com toda a força ser um indivíduo e um membro de seu grupo.

– A mudança mais notável veio quando ele fez aniversário. Nós sempre comemoramos o aniversário de cada criança. Temos um bolo, formamos um círculo, contamos uma história e depois trazemos o bolo com velas acesas. As crianças cantam "Parabéns a Você", a aniversariante fica entre mim e o bolo e depois sopra as velinhas. O bolo é cortado e passado de uma em uma para todas as crianças da roda.

"Bem, no dia em que anunciamos que era o aniversário do Dibs, não sabíamos o que ele faria. No passado, ele nunca participava, embora nós comemorássemos o aniversário dele da mesma forma, como o de qualquer outra criança. Quando chegou a hora de formar o círculo, Dibs estava lá ao meu lado. E, quando cantamos "Parabéns a Você", o Dibs cantou mais alto do que qualquer outra criança ali. Ele cantou "Parabéns, querido Dibs, parabéns para mim!". Depois que o bolo foi cortado, ele passou fatia por fatia com um grande sorriso no rosto, repetindo 'É meu aniversário. É meu aniversário. Hoje eu faço seis anos'."

As professoras estavam muito satisfeitas com Dibs, e eu também, mas sabia que precisaríamos ir mais longe. O Dibs precisava aprender a aceitar a si mesmo tal como era e a usar suas habilidades em vez de negá-las. Apesar disso, social e emocionalmente, Dibs estava conquistando novos horizontes para si mesmo, e isso era fundamental para seu desenvolvimento integral. Eu estava certa de que as habilidades que ele usava na brinquedoteca e em casa se estenderiam para suas demais experiências. Suas habilidades intelectuais tinham sido usadas para testá-lo, e elas haviam se tornado uma barreira e um refúgio do mundo que ele temia. Esse comportamento era defensivo e autoprotetor. E, se Dibs começasse a falar, ler, escrever e desenhar de um modo muito além das demais crianças ao seu redor, ele seria evitado e isolado por suas diferenças.

Há um excesso de crianças superdotadas que se desenvolvem de forma assimétrica e acabam sofrendo em seus mundos solitários. Uma inteligência tão superior assim pode criar sérios problemas de ajustes pessoais e sociais. É fundamental atender a todas as necessidades básicas de uma

175

criança e oferecer vias de expressão apropriadas e equilibradas para a inteligência superior. Embora existam escolas para crianças superdotadas, o comportamento do Dibs ainda não era maduro o suficiente para o tornar elegível; na verdade, nem mesmo para que uma experiência assim fosse particularmente benéfica para ele.

Dibs estava profundamente envolvido em sua busca por um eu. Era imperativo dar um passo por vez e confiar nos recursos internos daquela criança. A atmosfera ao redor dele deveria ser relaxada, otimista e sensível.

– Nós tivemos uma pequena apresentação na escola, outro dia – Hedda disse, sorrindo. – Foi no salão de festas, para as crianças mais jovens. Nós não sabíamos se o Dibs estava ou não preparado para esse tipo de experiência, então decidimos deixar a decisão totalmente nas mãos dele. Na verdade, decidimos deixar que cada criança da turma decidisse se queria estar na apresentação ou não. Era uma história que a turma tinha criado e encenado, inventando as palavras e a melodia conforme avançavam. E nunca era duas vezes do mesmo jeito. Cada dia, nós planejávamos de uma forma diferente. Quem quer ser a árvore? Quem quer ser o vento? Quem quer ser o sol? Você sabe como essas peças são montadas. E então nós deixávamos que as crianças decidissem quem deveria ficar com qual papel no dia da apresentação no auditório.

"Nós não sabíamos como o Dibs iria se sentir sobre isso, ou o que ele faria. Fazemos muitas atividades desse tipo, e, no passado, o Dibs sempre nos ignorou. Mas, um dia, ele se juntou ao círculo e se ofereceu para fazer uma dança. Ele inventou um tipo de dança, para franco deleite das outras crianças e quis ser o vento. Ele andava assoprando e balançando, e todas as crianças decidiram que ele deveria ser o vento na apresentação da escola. O Dibs concordou e desempenhou o papel muito bem. De repente, no meio da dança, ele decidiu cantar. Ele inventou as palavras e a melodia. Era mais ou menos assim: "Eu sou o vento. Eu sopro. Eu sopro. Eu subo. Eu subo. Eu subo as montanhas e empurro as nuvens. Eu curvo as árvores e empurro a grama. Ninguém pode parar o vento. Eu sou o vento, um vento amigo, um vento que você não consegue ver. Mas eu sou o vento". Ele parecia inconsciente da plateia. As crianças ficaram surpresas e encantadas.

Nem é preciso dizer que nós também ficamos. Pensamos, então, que o Dibs havia finalmente se encontrado, e que era agora um membro da turma."

Dibs estava, sem dúvida alguma, no caminho certo, mas eu não diria que ele já havia se encontrado completamente. Ainda havia um longo caminho a percorrer. Sua busca por si mesmo era uma experiência cansativa e inquietante, que o levava a uma consciência cada vez maior sobre seus sentimentos e atitudes, bem como sobre suas relações com aqueles ao seu redor. Havia, sem dúvida, muitos sentimentos que Dibs não tinha explorado de seu passado e exposto na peça, e que ele precisava conhecer, entender e controlar melhor. Eu esperava que ele encontrasse na brinquedoteca experiências que o ajudassem a conhecer e sentir as emoções em seu interior, de tal modo que qualquer ódio e temor que tivesse dentro de si fossem trazidos à tona e reduzidos.

CAPÍTULO DEZENOVE

Quando Dibs chegou para a consulta seguinte, perguntou se poderia passar o horário no meu escritório.

– Eu reparei que você tem um gravador – ele disse. – Tudo bem se eu gravar nele?

Por mim, estava tudo bem, então nós fomos ao meu escritório. Coloquei uma fita no gravador, liguei-o na tomada e mostrei ao Dibs como manusear o equipamento. Ele ansiosamente apanhou o microfone e ligou o gravador.

– Aqui é o Dibs falando – ele disse. – Me escute, gravador. Você vai pegar e segurar a minha voz. Sou o Dibs falando. Eu sou o Dibs. Este sou eu.

Ele desligou o gravador, rebobinou a fita e ouviu a gravação. Interrompeu a execução e sorriu para mim.

– Essa era a minha voz – ele disse. – Eu falei, e ele me gravou. Vou fazer uma gravação comprida, e nós vamos guardá-la pra sempre e pra sempre. Será só para nós.

Ele ligou o gravador de novo e começou a falar ao microfone. Informou o nome completo, endereço e número de telefone. Depois, deu o nome completo de cada membro da família, incluindo a avó.

– Eu sou o Dibs e eu quero falar – ele acrescentou. – Eu estou em um escritório com a senhorita A, e tem um gravador aqui. Estou falando nele agora. Eu vou para a escola. – Ele nomeou a escola e deu o endereço. – Tem professoras na minha escola. – O nome completo de cada uma foi gravado. – Tem crianças na minha classe, vou dizer pra você o nome de todas as crianças. – Ele listou o nome de todas as crianças. – Marshmallow é o nosso coelho, um coelho bonzinho, mas ele fica preso em uma gaiola. Coitado do pobre Marshmallow. Quando eu estou na escola, eu leio, escrevo e conto. Agora, como é que eu conto? Um, dois, três, quatro. – Os números saíram lentamente, com hesitação. – O que vem depois de quatro? Sim, eu vou ajudar você, Dibs. Cinco vem depois do quatro. É um, dois, três, quatro, cinco. Puxa! Como você é bom de conseguir contar desse jeito!

Dibs bateu palmas.

– Estou ouvindo alguém chegar perto da porta – ele continuou. – Isso é barulho demais. Faça silêncio quando estiver em casa. Ah, é o papai. O que quer dizer, papai, batendo a porta desse jeito? Você é burro e descuidado. Não quero você perto de mim quando age desse jeito. Eu não ligo para o que você quer. Eu vou fazer você ir pro seu quarto e vou te trancar, assim não precisamos escutar os berros, seu homem burro!

Dibs desligou o gravador e foi até a janela.

– Está um dia bonito lá fora – ele disse. – Senhorita A, por que é sempre um dia bonito quando eu estou aqui?

– Sempre parece um dia bonito quando você vem aqui? – perguntei.

– Sim. Mesmo quando está frio ou chovendo, é sempre um dia bonito aqui. Deixe-me tocar a gravação pra você.

Ele rebobinou a fita e a tocou desde o começo, escutando com uma expressão séria. Tocou várias vezes os gritos do pai e reproduziu a gravação até o final. Em seguida, desligou o gravador.

– O papai não gosta de ser mandado pro quarto dele – ele me disse. – Ele não gosta de ser chamado de burro.

Ele foi à janela de novo.

– Dessa janela eu vejo algumas árvores – ele disse. – Consigo contar oito árvores ou partes de árvores. É bom ter árvores por perto. Elas são tão altas e amigas.

Então, ele voltou ao gravador e o ligou de novo.

– Era uma vez um menino que morava em uma grande casa com a mãe, o pai e a irmã. E um dia o pai veio pra casa e foi pro escritório dele. O menino entrou sem bater na porta. "Você é um homem malvado", o menino gritou. "Eu te odeio! Eu te odeio! Está me ouvindo? Eu te odeio!" E o pai começou a chorar. "Por favor", ele disse. "Me desculpe. Me desculpe por tudo que eu já fiz. Por favor, não me odeie!" Mas o mininhino disse pra ele: "Eu vou castigar você, seu homem burro, burro. Eu não quero mais você perto de mim. Eu quero me livrar de você".

Ele desligou o gravador e veio até mim.

– Isso é só faz de conta – ele disse. – Eu estou só inventando uma história sobre o meu pai. Eu fiz um mata-borrão pra ele na escola e amarrei com um laço vermelho. Depois, eu fiz um cinzeiro de argila, assei, pintei e dei pro papai.

– Você fez presentes para o papai? E essa história é só faz de conta? – comentei.

– Isso. Mas vamos escutar.

Ele tocou a história. Depois, acrescentou à gravação:

– Aqui é o Dibs falando. Eu odeio o meu pai. Ele é malvado comigo. Ele não gosta de mim e não quer que eu fique por perto. Vou lhe dizer quem ele é, e você vai procurá-lo. Ele é um homem muito, muito malvado. – Mais uma vez, Dibs deu o nome completo e o endereço do pai. – Ele é cientista. Ele é um homem muito ocupado. Ele quer tudo em silêncio. Ele não gosta do menino. E o menino não gosta dele.

Ele desligou o gravador e veio até mim.

– Ele não é mais malvado comigo – ele disse. – Mas ele era malvado comigo. Talvez ele até goste de mim agora. – De volta à gravação, lá foi ele. – Eu te odeio, papai! – Dibs berrou. – Eu te odeio! Nunca mais me tranque de novo, ou eu vou te matar. Vou te matar de qualquer jeito! Por todas as coisas malvadas que você me fez!

Ele rebobinou a fita, retirou-a do gravador e me entregou.

– Guarde isso – ele disse. – Coloque na caixa, guarde a caixa e guarde só pra nós.

– Muito bem. Vou guardar e manter só para nós – eu disse a ele.

DIBS EM BUSCA DE SI MESMO

– Eu quero ir pra brinquedoteca agora – ele disse. – Nós vamos acabar com isso de uma vez por todas.

Fomos à brinquedoteca, e Dibs pulou dentro da caixa de areia, começando a cavar um buraco profundo. Depois ele foi até a casa de bonecas e pegou a boneca pai.

– Você tem algo a dizer? – ele perguntou à boneca. – Você se desculpa por todas as coisas malvadas e bravas que me falou? – Ele sacudiu a boneca, atirou com força na areia e golpeou com a pá. – Eu vou fazer uma prisão pra você com uma tranca bem grande na porta – ele disse. – Você vai se arrepender de todas as coisas malvadas que você fez.

Ele pegou os blocos e começou a circundar o buraco com eles, construindo uma prisão para a boneca pai. Ele trabalhou depressa e com eficiência.

– Por favor, não faça isso comigo – ele gritou, como se a boneca pai estivesse falando. – Eu sinto muito ter ferido você. Por favor, me dê mais uma chance.

– Eu vou te castigar por tudo que você já fez – Dibs gritou, enfiou a boneca pai na areia e veio até mim. – Eu tinha medo do papai. Ele era muito malvado comigo.

– Você tinha medo dele? – perguntei.

– Ele não é mais malvado comigo – Dibs disse. – Mas eu vou castigá-lo mesmo assim!

– Mesmo ele não sendo mais malvado com você agora, você ainda quer castigar o papai? – eu disse.

– Isso mesmo. Eu vou castigá-lo.

De volta à caixa de areia, ele retomou a construção da prisão. Depois, colocou a boneca pai na prisão, cobriu-a com areia e colocou uma pequena tábua em cima.

– Quem vai tomar conta de você? – ele gritou. Dibs olhou para mim. – Esse é o pai – ele disse. – Ele pede desculpa. Quem vai comprar coisas e tomar conta de você? Eu sou o seu pai! Por favor, não me machuque. Me desculpe por tudo que eu já fiz com você! Ah, eu lamento tanto. Por favor, Dibs, por favor, me desculpe! Eu sinto muito. – Ele continuou usando a pá para despejar areia sobre a boneca pai enterrada na prisão.

Dibs veio até mim e pôs meu braço em torno de sua cintura.

– Ele é o meu pai – ele disse. – Ele toma conta de mim. O castigo é por todas as coisas que ele fez que me deixaram triste e infeliz.

– Você o está castigando por todas as coisas que ele fazia e que deixavam você muito triste? – eu disse.

Dibs voltou para a casa de bonecas e pegou a boneca menino.

– O menino escuta o pai pedindo socorro e vai correndo ajudar – ele disse, e pulou de volta na caixa de areia com a boneca menino. – Está vendo? Este é o Dibs – ele disse, levantando a boneca para que eu visse. – E ele entra na floresta e procura a montanha onde o pai foi enterrado naquela prisão, e o menininho começa a cavar. Ele cava e cava. – Dibs pegou a pá e cavou até chegar à prisão. Levantou a tábua e espiou dentro do buraco. – A-há. Lá está ele! – Dibs anunciou. – E ele está muito arrependido por tudo que fez. Ele diz "Eu te amo, Dibs. Por favor, me ajude. Eu preciso de você". Daí o menino destranca a prisão e liberta o pai.

Cuidadosamente, Dibs pegou a boneca pai. Segurou a boneca pai e a boneca menino nas mãos e as estudou em silêncio. Levou-as de volta para a casa de bonecas e as colocou lado a lado, em um banco.

Dibs espanou a areia das mãos e mais uma vez voltou para a janela, onde ficou olhando para fora, em silêncio.

– O menino salvou o pai, e o pai se arrependeu de tudo que havia feito que tinha machucado o menino – falei. – Ele disse que amava o Dibs e que precisava dele?

Dibs se virou para mim, um ligeiro sorriso se formando nos cantos da boca.

– Eu conversei com o papai hoje – ele disse baixinho.

– Conversou? Sobre o quê?

– Bom, ele estava na copa, terminando o café da manhã e lendo o jornal. Eu andei direto até ele e falei "Bom dia, papai. Divirta-se hoje". E ele baixou o jornal e falou pra mim "Bom dia, Dibs. Divirta-se hoje também". E eu me diverti. Eu tive mesmo um dia muito bom.

Ele perambulou pela brinquedoteca, sorrindo alegremente.

DIBS EM BUSCA DE SI MESMO

– O papai nos levou para a praia de carro no domingo. Nós fomos até Long Island, e eu vi o mar. O papai e eu andamos até a beira da água, e ele me contou tudo sobre o mar, as marés e a diferença entre oceano, lago, rio, riacho e lagoa. Daí eu comecei a fazer um castelo de areia, e ele perguntou se podia me ajudar. Eu dei minha pá pra ele, e a gente se revezou. Eu entrei na água, mas estava gelada e não fiquei muito. Nós fizemos piquenique de almoço no carro. Nós nos divertimos, e a mamãe só sorria e sorria.

– Você se divertiu com seu pai e sua mãe – comentei.

– Sim, foi ótimo. Um passeio muito gostoso até a praia e de volta. E não teve nenhuma palavra zangada. Nenhuma.

– E sem palavras zangadas – observei.

Ele foi até a caixa de areia e se sentou na borda.

– Aqui é onde eu fiz uma prisão pra ele e onde eu o tranquei e enterrei com areia. Eu perguntei pra mim mesmo por que deveria deixá-lo sair da prisão e libertá-lo. E eu respondi pra mim mesmo pra só o deixar em paz. Só o deixar em liberdade.

– Então você decidiu que ele deveria ser libertado?

– Sim. Eu não queria deixar o papai trancado e enterrado. Eu só queria dar uma lição nele.

– Entendo. Você só queria dar uma lição nele – comentei.

Dibs sorriu.

– Hoje eu conversei com o papai – ele disse, com um sorriso feliz e aliviado.

É interessante observar que as manifestações de vingança e ódio de Dibs foram expressas mais aberta, direta e completamente apenas depois que ele se sentiu mais seguro em sua relação com o pai. Foi bom ouvir que ele estava tendo experiências mais satisfatórias com o pai, e que o pai não apenas despejava informações sobre oceanos e rios e riachos, mas também revezava o uso da pá e ajudava a construir o castelo de areia com o filho.

CAPÍTULO VINTE

– Aqui estou eu de novo! – Dibs exclamou, quando entrou na recepção, na quinta-feira seguinte. – Não vão faltar muitas vezes mais pra vir, antes da viagem de verão.

– Sim. Cerca de três vezes mais, contando hoje – eu disse. – Depois, nós dois vamos sair de férias.

– Nós vamos até a ilha – Dibs disse. – Acho que vou gostar das minhas férias neste ano. E a vovó planeja passar o verão com a gente, em vez do período normal de férias dela. Eu gostei da ideia.

Ele perambulou pela brinquedoteca e pegou a boneca.

– Ora, aqui está a irmã – ele exclamou, como se nunca tivesse visto a boneca irmã antes. – Ela não é uma pestinha? Eu vou me livrar dela. Vou fazê-la comer um belo pudim de arroz, só que vou colocar veneno nele e envená-la. Ela vai ficar longe pra todo o sempre.

– Você quer se livrar da irmã? – comentei.

– Às vezes ela berra e arranha e me machuca, e eu tenho medo dela. Às vezes, eu bato nela e arranho. Mas ela não fica muito em casa. Só que, em breve, ela vai estar em casa e vai ficar o verão todo com a gente. Ela tem cinco anos agora.

– Às vezes vocês dois se batem e arranham, não é?

DIBS EM BUSCA DE SI MESMO

– É, mas ela não fica muito casa. Ela estava em casa nesse último fim de semana.

– E como correram as coisas? – perguntei.

– Ah – Dibs deu de ombros. – Eu não ligo. Eu brinquei com ela algumas vezes. Mas não deixo que ela entre no meu quarto. Tenho muitos tesouros lá, e ela tenta pegar, agarrar e rasgar, daí a gente briga. Mas não brigamos muito agora. Ano que vem ela vai vir morar em casa. E ela vai pra mesma escola que eu vou, no ano que vem.

– E como você se sente em relação a isso? – perguntei.

– Bom, eu não ligo – Dibs disse. – Acho que estou contente que ela está vindo pra ficar em casa. Ela deve ter se sentido muito sozinha lá na escola. É a escola da minha tia-avó onde ela estava. Mas todo mundo acha que ela deveria vir pra casa.

– E você está contente que ela esteja indo para casa para morar?

– Estou. Estou de verdade – Dibs respondeu. – Ela não me irrita mais como irritava antes. Quando estou brincando com os meus blocos, trens, carros e o conjunto de guindastes, ela às vezes vem e brinca comigo. Me passa um bloco ou um pedaço do guindaste. Ela não tenta mais derrubar tudo que eu construo. Então, de vez em quando, eu brinco com ela. No domingo, eu li uma história pra ela. Era um livro novo que o papai levou pra mim. É a história da eletricidade. Ela falou que não achou muito interessante, mas eu achei. Eu falei pra ela que ela deveria prestar atenção e aprender tudo que pudesse. Eu achei uma história muito empolgante. O papai falou que ele estava em uma livraria e viu esse livro novo pra crianças e achou que eu ia gostar. E eu gostei.

Dibs foi até a mesa e começou a amassar um pouco de argila.

– Daqui a pouco vai ser verão – ele disse. – Eu vou para a praia e vou me divertir. Mas antes eu tenho que fazer uma coisa.

Ele foi até o cavalete, pegou um pote de tinta e um copo. Despejou um pouco de tinta no copo, acrescentou um pouco de água e mexeu lenta e cuidadosamente. Depois acrescentou outras cores à mistura, mexendo bem.

– Esse é o veneno para a irmã – ele disse. – Ela vai pensar que é cereal e vai comer, e daí isso vai ser o fim dela.

– Então isso é veneno para a irmã e, depois que ela comer, vai ser o fim dela?

Dibs assentiu. Depois olhou para mim.

– Mas eu não vou dar pra ela por enquanto – ele disse. – Eu vou esperar e pensar bem.

Ele foi até a casa de bonecas e pegou a boneca mãe.

– O que você fez ao menino? – ele interrogou a boneca. – O que você fez com ele? Você é burra e eu já lhe falei a mesma coisa várias e várias e várias vezes. Você não tem vergonha? – Ele carregou a boneca mãe para a caixa de areia. – Você vai construir uma montanha! – ele exigiu. – Você vai ficar bem aqui e construir a montanha e construir direito. O menino vai ficar de guarda pra ver se você vai fazer direito. É melhor ter cuidado, porque estou observando você a cada minuto. Ah, Deus! Ah, Deus! Por que ela é assim? O que eu fiz pra merecer isso? Você construa a montanha e não me diga que não consegue. Eu vou mostrar como. Eu vou mostrar a você várias e várias e várias vezes. E você tem que fazer!

Ele soltou a boneca mãe na areia e foi à janela.

– É difícil demais de fazer – ele disse. – Ninguém consegue construir uma montanha. Mas eu vou obrigá-la a fazer isso. Ela vai ter que construir a montanha e construir direito. Tem um jeito certo e um jeito errado de fazer as coisas. E você vai fazer do jeito certo!

Ele vagou até a mesa e apanhou a mamadeira. Ele mamou por um longo período, enquanto me encarava solenemente.

– Eu sou só um bebê – ele disse. – Eu não consigo fazer nada. Alguém tem que tomar conta de mim, e eu vou ser um bebê. Bebês não precisam ter medo. A vovó cuida do bebê.

Ele tirou a mamadeira da boca e a pousou na mesa à sua frente.

– A mãe não consegue construir a montanha – ele disse baixinho. – E bebês não conseguem construir montanhas. Ninguém consegue construir uma montanha.

– A mãe não consegue? E bebês não conseguem? Parece ser uma coisa grande demais para se fazer? – perguntei.

– Uma tempestade forte podia vir e varrer tudo pra longe – ele disse.

DIBS EM BUSCA DE SI MESMO

– Poderia?

– Só que eu não quero isso – Dibs disse suavemente. – Não quero que ninguém vá pra longe.

– Entendo.

– Por que você não constrói a montanha? – Dibs gritou de novo. – Por que você não faz o que mandam? Se você chorar e gritar, eu vou trancar você no seu quarto. – Ele olhou para mim. – Ela tenta, tenta, tenta muito. Ela está com medo porque não gosta de ser trancada no quarto. Ela me pede pra ajudar.

Ele estava de pé perto da caixa de areia, olhando para baixo na direção da boneca mãe.

– Ela está tentando construir a montanha e tem medo porque ela não gosta de ser trancada no quarto. Ela está pedindo que você a ajude – eu observei.

– Sim – ele respondeu baixinho.

Dibs foi até a boneca que havia identificado como a irmã. Ele a aninhou nos braços.

– Você sentiu medo, pobre irmãzinha? – ele perguntou com doçura. – Eu vou tomar conta de você. Eu vou lhe dar a mamadeira e ela vai acalmar você. – Ele levou a mamadeira à boca da boneca e a embalou delicadamente nos braços. – Coitada da irmãzinha. Eu vou cuidar de você. Eu vou deixar você vir pra minha festa. Ninguém nunca vai machucar você.

Ele levou a boneca até a cama de boneca e delicadamente a deitou, cobrindo-a com todo o cuidado, mas levou a mamadeira de volta à mesa e sugou o bico.

– Você vai ajudar a irmã – comentei.

– Vou – ele respondeu. – Eu vou cuidar dela. – Ele ficou em silêncio por um longo intervalo. – Dois dos nossos peixes da escola morreram hoje – ele disse. – Nós não sabemos o que aconteceu com eles. A Hedda falou que estavam mortos de manhã.

– É mesmo? – observei.

– Eu fiz um livro pra mamãe na escola hoje – ele disse. – Ela gosta de flores, então eu recortei figuras de flores de um catálogo de sementes. Eu colei os recortes num papel colorido e escrevi o nome da flor debaixo de cada foto. Depois eu costurei as páginas com linha verde.

– Isso é interessante. E o que você fez com o livro?

– Ainda está na escola – Dibs disse. – Eu vou fazer alguma coisa pro papai. E estou tentando pensar em alguma coisa pra Dorothy. Quando eu tiver uma coisa pra cada um, vou levar tudo pra casa.

– Então você está planejando fazer um presente para cada um deles?

– Esse é o meu plano – Dibs disse. – Mas eu não consigo decidir o que fazer pra minha irmã. Pro papai eu estou fazendo um peso de papel.

– Então você quer fazer alguma coisa para cada membro da sua família?

– É. Eu não quero deixar ninguém de fora – ele disse. – Pra vovó eu vou dar um pedacinho do galho da minha velha árvore favorita.

– A vovó vai gostar disso – comentei.

– Vai. É um dos meus tesouros – Dibs disse.

Ele voltou à caixa de areia.

– Ora, mãe! – ele falou alto. – O que você está fazendo sozinha aí embaixo? Você não precisa construir uma montanha. Venha cá. Eu vou ajudar você. – Ele gentilmente aninhou a boneca mãe nas mãos. Ele veio até mim. – Às vezes ela chorava – ele disse, em voz mais baixa. – Tinha lágrimas nos olhos dela, e elas escorriam pela bochecha, e ela chorava. Eu acho que talvez ela estivesse triste.

– Talvez ela estivesse triste – falei.

– Eu vou colocá-la de volta na casa com a família – ele anunciou. – Vou colocar todos eles em volta da mesa de jantar, onde eles podem ficar juntos.

Eu o observei enquanto ele cuidadosamente colocava a família de bonecas ao redor da mesa da casa de bonecas. Ele se ajoelhou ao lado da casinha e cantou suavemente para elas.

– Nós nos reunimos para pedir a bênção de Deus. – As palavras foram interrompidas abruptamente. – Não. Eu não posso cantar essa música – ele disse. – Ela é só da vovó. Essas não são pessoas de igreja.

Ele cruzou a sala até o cavalete e pintou borrões de cores vibrantes no papel.

DIBS EM BUSCA DE SI MESMO

– Isso quer dizer felicidade – ele disse. O pincel espalhava cores pela pintura. – As cores estão todas felizes e juntas, bem e amigas. Só vai ter mais duas quintas-feiras depois desta – ele disse.

– Sim. Duas quintas-feiras mais, e depois as férias de verão. Talvez você possa voltar para outra visita no outono, se quiser – eu disse.

– Eu vou sentir saudade de você – ele disse. – Eu vou sentir saudade de vir. Você vai sentir saudade de mim?

– Sim, Dibs, vou sentir muita saudade de você.

Ele afagou minha mão e sorriu.

– Nós dois vamos sair para o verão – ele disse.

– Sim, vamos.

– É uma brinquedoteca maravilhosa – ele disse. – É uma sala feliz.

Tinha sido uma sala feliz para Dibs, mas também houve momentos dolorosos para ele, nos quais ele escavava os próprios sentimentos e revivia experiências passadas que o haviam machucado profundamente.

Dibs estava agora parado na minha frente de cabeça erguida, sentindo profundo senso de segurança dentro de si. Ele estava construindo um senso de responsabilidade por seus próprios sentimentos. Seus sentimentos de ódio e vingança tinham sido moderados com misericórdia. Dibs estava construindo um conceito de si mesmo enquanto tateava os cipós retorcidos de seus sentimentos emaranhados. Ele podia odiar e amar, condenar e perdoar. Ele estava aprendendo por meio da experiência que sentimentos podem mudar e virar e perder suas bordas afiadas. Ele estava aprendendo a controlar e expressar seus sentimentos com responsabilidade. Através de seu crescente autoconhecimento, ele seria livre para usar suas capacidades e emoções de forma mais construtiva.

CAPÍTULO VINTE E UM

Eu tinha pegado emprestado um jogo de análise pictórica de mundo[8] quando Dibs veio na semana seguinte. Esse material consiste em diversas miniaturas bem detalhadas de pessoas, animais, edifícios, árvores, sebes, carros, aviões, e assim por diante. Foi concebido primordialmente como teste de personalidade, mas eu não ia usá-lo para esse propósito com Dibs. Pensei que ele iria se interessar pelas pequenas figuras e que, se decidisse usá-las, sua brincadeira seria interessante. Eu não pretendia sugerir que ele usasse o jogo nem, na verdade, fazer coisa nenhuma que direcionasse suas atividades para nenhum item em particular. O jogo estava ali para ser usado se ele assim escolhesse.

Ele notou imediatamente a maleta contendo o jogo e a abriu depressa.

– Temos uma coisa nova aqui – ele anunciou. – Ah, olhe só todas essas coisinhas miúdas. – Ele analisou o conteúdo rapidamente. – Tem pessoas, prédios e bichos pequenos. O que é isso?

– Você pode construir um mundo com isso, se quiser – eu disse. – Tem um tabuleiro para abrir no chão, e essas fitas azuis são para ser a água.

---

[8] Na definição do *Dicionário de Psicologia* da Associação Americana de Psicologia, técnica projetiva para crianças em que o participante compõe uma história sobre um cenário realista, acrescentando objetos e figuras conforme seu desejo. (N.T.)

DIBS EM BUSCA DE SI MESMO

– Ora essa! Mas isso é muito interessante! – ele exclamou. – Isso pode ser uma cidade de brinquedo. Eu posso construir do jeito que eu quiser.

– Sim, pode, sim.

Dibs desdobrou o tabuleiro e sentou-se no chão ao lado das peças. Ele analisou as figuras cuidadosamente e escolheu uma igreja, uma casa e um caminhão.

– Eu vou construir o meu mundo – ele disse alegremente. – Eu gosto desses predinhos e pessoinhas e coisinhas. Vou contar a história que estou construindo enquanto você observa a cidade crescer.

Ele pegou a pequena igreja branca.

– Esta é a igreja, uma igreja grande e branca para Deus e as pessoas. E estas são as coisas da cidade. – Ele pegou casas, caminhões, carros. – Estas coisas da cidade, as casas e os caminhões, estão cheias de barulho. Esse é o barulho da cidade. – Ele começou a dispor as ruas. – As casas ficam uma depois da outra. Isto é uma cidade inteira. E esta é uma ruazinha tranquila. Agora, aqui é uma avenida que vai para o aeroporto, e o aeroporto fica perto da água. Vou colocar aviões aqui no aeroporto. Aqui na água, vou colocar estes barquinhos. Ah! Olhe! Estas são placas de rua. Esta é a Segunda Avenida, e tem uma Segunda Avenida aqui em Nova York. E este é um sinal de pare e siga. – Dibs estava absorto na construção de seu mundo. – Aqui é pare e aqui é siga. E esta é uma cerca e esta é uma sebe. E este avião está voando por aí!

Dibs manuseou o avião no alto com um floreio.

– O barco está aqui no rio. Ele sobe e desce o rio. Agora tem três aviões no aeroporto. E aqui tem um hotel. Agora, onde eu vou colocar o hotel? Vou colocar aqui e do lado de fora, na frente dele, vou colocar o carrinho do jornaleiro. Depois eu vou colocar mais casas aqui. Agora, umas lojas. Porque as pessoas precisam ter lojas. Onde estão? Ah, aqui. E aqui tem um hospital e uma oficina mecânica. Aqui tem tudo que eu preciso pra fazer o meu mundo – ele disse.

– É o que parece – comentei.

– Este hospital é um prédio grande. Vou colocá-lo aqui na Primeira Avenida. Isso é o que essa placa de rua diz. Sim, este vai ser o hospital para pessoas que estão doentes. Ele tem cheiro de doença e de remédio e é um lugar triste pra se estar. Agora, aqui está uma bela casa e ela fica no lado sul da rua. Esta é uma cidade grande e barulhenta que precisa de um parque. Bem aqui, eu vou fazer um parque. Vou colocar estas árvores e arbustos. Aqui fica a escola. Não. – Ele devolveu a escola para a caixa. – Esta é outra casa. Todas as casas ficam bem juntas, e as pessoas moram nelas. Elas são vizinhas e são amigas. Agora, eu vou colocar uma cerca em volta do aeroporto. Vou cercar o aeroporto por segurança. E agora, as sebes. – Ele pegou as sebes e plantas de borracha. – Todas estas plantas estão crescendo. Sebes e árvores. Um monte de árvores enfileiradas na avenida. Todas estas árvores têm folhas nelas. Uma cidade no verão.

Ele se agachou sobre os calcanhares e olhou para mim. Esticou os braços e sorriu.

– O adorável e verdejante verão! Agora, no limite da cidade tem uma fazenda. Vou colocar umas vacas lá. – Ele alinhou as figuras das vacas. – Elas vão todas para o celeiro e estão enfileiradas esperando pra ser ordenhadas.

Ele se curvou sobre a caixa e selecionou mais figuras.

– Agora, as pessoas! – ele falou alto. – Uma cidade precisa ter gente. Aqui está o carteiro. – Ele segurou a figura para que eu pudesse ver. – Ele tem uma sacola cheia de cartas, e você vê que ele anda de um lado pro outro e para em todas as casas. Todo mundo recebe uma carta só sua. E Dibs, até o Dibs recebe uma carta só dele. Depois, ele vai para o hospital, pra que as pessoas doentes e machucadas recebam carta também. E, quando elas recebem, elas sorriem por dentro. O caminhão vai para o aeroporto. Esta cerca guarda os aviões dentro, pra que eles não saiam rolando e machuquem as pessoas. E aquele avião está voando bem alto no céu.

Ele fez um aviãozinho sobrevoar sua cidade.

– Olhe! – ele gritou. – Por cima da cidade, por cima da cidade lá vai ele. O grande avião abrindo buracos no céu azul pra que o céu branco brilhe através deles. E daí, o fazendeiro sai para ver...

Dibs interrompeu a brincadeira e ficou sentado em silêncio, olhando para o mundo que estava construindo. Ele suspirou e retirou mais algumas figuras da maleta.

– Aqui são as crianças e a mãe delas – ele disse. – Elas moram juntas em uma fazenda, em uma casa aconchegante. Tem uns cordeirinhos e umas galinhas. E aqui está a mãe descendo a avenida, caminhando pela rua em direção à cidade. Eu me pergunto pra onde ela está indo. Talvez ela esteja indo ao açougue para comprar carne. Não, ela está descendo a rua, continua descendo e descendo, até chegar do lado do hospital. Agora eu me pergunto por que ela está parada ali.

– Eu também me pergunto – falei.

Dibs ficou sentado muito quieto por um longo período, olhando para a figura da mãe.

– Bem – ele disse, por fim. – Lá está ela e ela está bem do ladinho do hospital. Tem uma porção de carros descendo as ruas e um carro de bombeiro. Todo mundo tem que sair da frente do carro de bombeiro.

Ele afastou os carros e empurrou o carro de bombeiro para cima e para baixo pelas ruas, fazendo os barulhos correspondentes.

– Bom, então. Onde estão as crianças? Ah, lá está um menino. Ele está descendo sozinho para o rio. Pobre criancinha, tão sozinha. E o jacaré nada naquele rio. E aqui está uma grande cobra. Às vezes, cobras vivem na água. O menino chega cada vez mais perto do rio. Mais perto do perigo.

Mais uma vez, Dibs interrompeu a atividade e de cima examinou seu mundo. De repente, ele sorriu.

– Sou um construtor de cidades – ele disse. – Este é o cozinheiro esvaziando o lixo. E esta mulher está indo para a loja. Mas aquela outra mulher está indo para a igreja cantar uma música, porque ela é uma boa mulher. – Ele colocou outra figura ao lado da que já estava na beira do rio. – Esta criança está indo atrás do menino – ele explicou. – O menino está indo para o rio agora, e ele não sabe do jacaré e da cobra. Mas o outro menino era amigo e gritou pra avisar e falar pra ele entrar em um barco. O menino entrou no barco. Está vendo? E o barco é seguro. Os dois meninos entram no barco juntos e eles são amigos.

Ele colocou os dois meninos em um barco.

– Agora, aqui tem um policial organizando o trânsito, orientando os carros a parar e seguir. Isso é pelo bem de todos. – Ele acrescentou mais placas de rua em sua cidade. – Algumas ruas sobem e descem, mas algumas só vão em um sentido, essa é uma rua de mão única. – Dibs tirou a escola da caixa. – Aqui está a Escola Número Um. Nós precisamos ter uma escola. As crianças precisam ter uma escola pra ir. – Ele riu. – Uma escola pra serem educadas. Esta menininha aqui, ela vai ficar em casa. Ela vai ficar em casa com a mãe, o pai e o irmão dela. Eles querem que ela fique em casa pra não ficar sozinha.

Ele pegou todas as miniaturas de pessoas e as posicionou pelo mundo que estava construindo. Dibs criara um mundo repleto de pessoas.

– Aqui é o lar – ele disse, indicando uma das casas. – Tem uma árvore bem grande no jardim dos fundos. É uma árvore muito especial. E este homem está descendo a rua, está indo pra casa. Ele é o pai.

Dibs se levantou e atravessou a sala até o quadro metálico e perfurado de avisos e bateu nos pinos com vigor.

– Eu tenho brinquedos com que brincar – ele disse. – Eu tenho uma cidade para construir, com casas, pessoas e animais. Eu construí uma cidade, uma cidade grande, cheia de gente espremida como é em Nova York. Alguém está datilografando com muita vontade naquele outro escritório.

Ele voltou à cidade e se abaixou no chão ao lado dela.

– O caminhão de lixo está descendo esta rua, e a placa de trânsito manda parar, mas, quando o guarda vê o caminhão, ele vira a placa para dizer siga, e o caminhão segue alegre o seu caminho. Um cachorro vem pela rua e o guarda vira a placa, assim o cachorro não precisa esperar, e ele segue feliz. Pare. Siga. Pare. Siga. Vou lhe dizer, tem muita vida nesta cidade. As coisas se movimentam. As pessoas vêm e vão. Há casas, igrejas, carros, pessoas, animais e lojas. Daí aqui, mais pra fora, tem uma fazenda legal, toda verde, com animais.

De repente, ele pegou o carro de bombeiro e o fez descer rapidamente a rua, fazendo um zunido alto.

– O caminhão dos bombeiros foi chamado porque a casa está pegando fogo e tem as pessoas presas lá em cima, pessoas adultas. Eles gritam e berram, não conseguem sair. Mas o caminhão de bombeiro chega e joga água. Eles estão muito, muito assustados, mas estão salvos.

Dibs riu suavemente para si memo.

– Ora, este era o seu pai, Dibs. E aquela era a sua mãe.

Ele foi até a mesa, sentou-se e ficou me olhando.

– O papai ainda está tão, tão ocupado – ele disse. – O doutor Bill veio ver a mãe, no outro dia. Eles eram muito bons amigos. Ele ficou um tempão e conversou com a mamãe. O doutor Bill gosta da minha mamãe. O doutor Bill falou que eu estava bem.

– Falou?

– Falou. Fora de risco, ele disse. Seja lá o que for que isso signifique. Quando eu sair daqui, hoje, vou ter que ir ao barbeiro pra cortar o cabelo. Antes eu chorava e ficava nervoso, mas agora, não. Uma vez, eu mordi o barbeiro.

– Mordeu?

– Mordi. Eu tinha medo, mas agora não tenho mais.

– Então você não tem mais medo? – comentei.

– Acho que estou crescendo – Dibs disse. – Mas ainda preciso terminar a minha cidade. Vou colocar todas as árvores, arbustos e moitas nela pra deixar a cidade bonita. Aqui é uma rua bem movimentada. Vou colocar todas as pessoas na cidade. Olhe, aqui tem um táxi perto de um trem. As pessoas vêm visitar, e todo mundo está feliz com o encontro. Bom, este é o carteiro. Você vê que ele andou subindo e descendo todas as ruas, entregando correspondência e cartas, para todas as pessoas. Mas aqui está o papai tentando ir pra casa, e ele tem que parar nesta placa, e ela diz pare. O papai para e não pode seguir até a placa dizer siga, mas a placa só diz pare, e o papai não pode se mover. Tem muitas árvores ao redor. As cidades precisam de árvores porque elas fazem uma sombra amiga. Olhe a minha cidade. Meu mundo! Eu construí meu mundo e é um mundo cheio de gente amiga.

Na hora de ir embora, Dibs olhou para trás, para o mundo que havia construído, um mundo cheio de gente amiga. Mas o "papai" estava imobilizado em seu lugar por uma placa de trânsito que não lhe permitia chegar em casa. Quando Dibs saiu da brinquedoteca, havia em seus lábios um ligeiro sorriso, por deixar o "papai" imobilizado em seu mundo de pessoas amigas.

Dibs havia construído um mundo organizado, repleto de pessoas e de ação. Seu projeto demonstrava a alta inteligência, uma compreensão do todo assim como dos detalhes conceituais. Havia propósito, integração e criatividade. As belas miniaturas o intrigaram. Ele construíra um mundo altamente desenvolvido e significativo. Houvera sentimentos hostis abertamente manifestados nas concepções de mãe e pai. Houvera expressões de consciência de sua responsabilidade. Dibs estava crescendo.

CAPÍTULO VINTE E DOIS

Quando Dibs chegou para a última sessão antes das férias de verão, perguntou se poderia passar parte do horário no meu escritório. Ele se sentou à minha escrivaninha e me encarou seriamente.

– Esta é a minha última quinta-feira – ele disse.

– Sim, é.

– Eu vou viajar no verão. Nós vamos para a praia. Tem montes de árvores no campo, mas nenhuma árvore na praia. A água é tão azul. Eu gosto de lá. Mas vou ter saudade de vir aqui. Vou ter saudade de você – ele disse.

– Também vou ter saudade de você, Dibs. Foi muito bom conhecer você.

– Eu quero ver se o meu nome está em uma ficha no seu arquivo.

– Olhe e veja.

Dibs olhou. O nome estava lá.

– Você sempre vai guardar isso? – ele perguntou. – Você sempre vai se lembrar de mim?

– Vou, Dibs. Eu sempre vou me lembrar de você.

– Você tem a fita que eu gravei?

– Sim, tenho a fita.

– Deixe-me ver mais uma vez.

Eu tirei a fita do armário e entreguei a caixa para ele. O nome dele estava escrito nela.

– Você foi gravado, Dibs – ele disse. – Você fez esta fita falar. Esta fita capturou e prendeu a minha voz. Essa é a minha voz na fita.

– Sim, essa é a gravação que você fez.

– Posso colocar mais umas palavras na fita? – ele perguntou.

– Se você quiser.

– Eu quero. Eu vou capturar e prender a minha voz nesta fita. Eu gosto do gravador.

Nós colocamos a fita no gravador e ouvimos a parte que ele havia gravado antes. Em seguida, ele pressionou o botão para gravar mais algumas palavras.

– Esta é a minha última vinda à brinquedoteca – ele disse, falando ao microfone. – Aqui é o Dibs falando. Esta é a minha voz. Eu vim à brinquedoteca e fiz tantas coisas aqui. Eu sou o Dibs. – Houve uma longa pausa. – Eu sou o Dibs – ele repetiu, lentamente. – Talvez no outono eu volte aqui pra uma visita. Talvez só mais uma visita, depois do verão. Eu vou viajar no verão e vou estar ao lado do mar. Eu vou ouvir as ondas e brincar na areia.

Houve outra longa pausa. Então ele desligou o gravador.

– Vamos pra brinquedoteca – ele disse. – Eu quero brincar com o jogo do mundo de novo.

Fomos para a brinquedoteca. Dibs pegou as peças e começou a construir sua cidade outra vez. Rapidamente, dispôs os prédios e as árvores em seus lugares. Em seguida, ele distribuiu as demais figuras pela cidade. Depois, escolheu quatro construções e as posicionou cuidadosamente.

– Está vendo estas duas casas? – ele perguntou. – Esta é uma casa e esta é outra casa. Este prédio é uma prisão e este é um hospital. – Ele posicionou as duas casas lado a lado. – Esta é a sua casa e esta é a minha casa – ele disse, apontando para as duas casas. – A minha é toda branca e verde, com árvores, flores e passarinhos cantando em volta dela. Todas as portas e janelas estão bem abertas. Você mora bem na porta vizinha. Você tem uma casa bonita também. E em volta da sua casa há flores, árvores e passarinhos cantando. Não há cerca ou sebe entre a sua casa e a minha.

DIBS EM BUSCA DE SI MESMO

Ele procurou entre os prédios e pegou uma miniatura de igreja. Posicionou-a nos fundos da própria casa.

– Aqui é a igreja – ele disse. – Fica atrás da minha casa. – Ele a deslocou um pouco, de modo que ficasse a meio caminho entre as duas casas – Fica entre os fundos das nossas casas – ele disse. – Nós dividimos a igreja. Nós dividimos os sinos. E nós dois escutamos a música da igreja. Agora, aqui é a prisão. Fica em frente à minha casa. E aqui é a escola. Está vendo? Nós dividimos a igreja e a escola, mas a prisão é só minha. Você não tem nada a ver com prisões. Você não gosta de prisões. Você não tem utilidade pra prisões. Mas eu tenho. E tem uma grande castanheira no meu jardim. Agora é verão e tem tantas árvores, árvores frescas, verdes, cheias de folhas que o vento passa soprando. – Ele abriu os braços como galhos e balançou gentilmente ao vento imaginado.

De repente, Dibs se levantou, andou pela sala e foi olhar pela janela.

– Tem carros estacionados lá – ele disse. – Mas não vejo ninguém agora por esta janela.

Ele pareceu um pouco aborrecido, mas retornou à cidadezinha, agachou--se no chão e movimentou algumas figuras.

– Aqui é a Rua da Prisão – ele disse. – Não tem árvores em volta da prisão. Fica aqui embaixo, longe das outras casas amigas e longe da igreja. É solitária e fria. Mas esta igreja é perto das nossas casas – ele anunciou, tocando a torre da igreja. – Tem uma cruz em cima da igreja pra informar as direções. Mas este prédio aqui é a prisão. E o papai vai para essa prisão. O meu papai. O escritório dele é no primeiro andar da prisão. – Dibs riu. Deslizou alguns carros para cima e para baixo pelas ruas, buzinando. Murmurou uma musiquinha. Pegou as miniaturas da mãe, do pai, da menina e do menino e os segurou nas mãos. – Estas são as pessoas – ele disse. – Este é o pai, esta é a mãe, a irmã, o menino. Agora, o pai está parado na frente da sua casa e não sabe o que deve fazer. E esta é a mãe. E este menino é o Dibs. Esta menininha está com o pai, e ela vai pra prisão. A irmã e a mãe vão pra prisão, porque eu não preciso de uma irmã. – Ele atirou a boneca menina de volta na caixa.

Ele se levantou e perambulou pela sala, suspirando profundamente.

199

– Aos domingos, eu costumo ficar em casa o dia todo – ele disse. – Domingo é um dia nada. O Jake falou que domingo era um dia sagrado, mas está vendo esta prisão? – Ele suspendeu e a estendeu para mim.

– Sim, estou vendo a prisão.

– É uma prisão de mão única – Dibs disse. – É uma prisão de mão única em uma rua de mão única. E não tem como voltar depois que você é colocado na prisão. Agora a irmã se foi.

– Sim. Eu reparei. Agora ela se foi.

– É muito apinhado na cidade – Dibs anunciou. – Lá vão eles, se espalhando para o campo. E todas essas casas e pessoas começam a se mexer, passando pela casa do Dibs, pela sua casa, indo para o campo.

Ele pôs outra casa.

– Esta é a casa da vovó – ele anunciou. – Não tem árvores em volta da casa dela. Ela ama as árvores, então vai precisar caminhar até aqui, até a minha casa, para aproveitar as árvores.

Ele analisou as miniaturas e escolheu a de um homem. Estudou-o cuidadosamente.

– Este é um menino grande – ele disse. – Eu acho que ele é o Dibs. Eu vou tirar daqui esta criancinha e colocar o Dibs crescido. – Ele substituiu as figuras. Colocou a figura da mulher na rua. – Esta é a vovó, boazinha e amiga. E o carteiro está trazendo uma carta para o Dibs. Ele é grande agora, eu acho que o Dibs é tão grande quanto o papai e maior do que a mãe. – Ele mediu as figuras cuidadosamente. – Tem sebes e plantas ao redor. Elas crescem pra embelezar a cidade. Cada plantinha verde ajuda a cidade. Eu vou colocar cercas em volta do aeroporto por segurança. O caminhão dos bombeiros está descendo a rua e batendo nos carros, porque esta rua é muito cheia. Mas não tem mais incêndios. Todo mundo está seguro e feliz.

Ele veio até mim.

– Eu vou viajar na próxima semana – ele disse. – Eu vou ficar fora durante todo o verão, e a vovó vai com a gente. Mas, quando eu voltar, em setembro, vou querer voltar aqui pra uma visita.

– Acho que podemos providenciar isso – respondi-lhe. – E espero que você tenha um verão muito feliz.

Dibs sorriu.

– Hoje eu recebi o meu anuário escolar – ele disse. – Tem minha foto nele. Eu estou na fileira da frente, entre o Sammy e o Freddy. E tem uma história nele que fui eu que escrevi. Eu escrevi uma história sobre a minha casa e a árvore grande e amiga que tem fora da minha janela. Eles imprimiram a minha história no anuário escolar. Você lembra o que contei sobre a árvore grande e amiga?

– Sim, eu me lembro.

– Os pássaros vão pra essa árvore, e eu abro a janela para conversar com eles. Eu falo para eles irem pra vários lugares do mundo, pra Califórnia ou Londres ou Roma, e peço que cantem e façam as pessoas felizes. Eu amo os passarinhos, nós somos amigos. Mas agora tem outra coisa que eu preciso fazer. Eu preciso tirar a minha irmã da caixa e decidir o que vou fazer com ela. Ela tem que ficar em casa, mas, quando meu pai chega do trabalho, ele dá uma bronca nela. Daí a irmã vai viver com os porcos, e a mãe também. – Ele riu. – Não de verdade, eles moram juntos em uma casa. A mãe, o pai, a irmã e o menino. – Ele pegou a figura que havia designado como Dibs e a que representava o Dibs crescido; segurou ambas nas mãos. – Aqui estão o Dibs pequeno e o Dibs crescido – ele disse. – Este sou eu e este também sou eu.

– Entendo. O Dibs pequeno e o Dibs crescido – comentei.

– E aqui vem uma mulher caminhando pela rua em direção à minha casa. Quem ela é? Ora, é a senhorita A. Ela mora aqui com o Dibs. E a irmã mora aqui com o pai. Ela não tem mãe, só um pai que compra pra ela as coisas que ela precisa, mas que a deixa sozinha quando vai para o trabalho. A mãe dela caiu no rio, mas saiu de lá em segurança, mas ficou muito molhada e assustada. Agora, esta mulher aqui está andando na rua. Ela está indo à igreja, está agindo bem.

Ele pôs a figura perto da igreja.

– E estes homens estão indo para a guerra, para lutar. Parece que vai ter guerra e luta sempre, eu acho. Mas estas quatro pessoas são uma família, e eles decidem ir dar um passeio juntos. Eles fazem uma viagem até a praia e ficam felizes. Eles estão todos juntos e se sentem felizes. Daí, a vovó chega, e todos os cinco ficam felizes juntos.

Dibs se debruçou sobre a cidade e moveu a prisão.

– Agora a prisão está bem ao lado da casa da senhorita A. Ela não gosta de prisões e leva a prisão pra bem longe e enterra na areia, e agora não tem mais prisão pra ninguém. – Dibs então, enterrou a prisão na areia. – Daí tem essas duas casas. Sua casa e a minha casa, elas começam a se afastar devagarinho. – Ele lentamente afastou as duas casas. – A minha casa e a casa da senhorita A estão ficando cada vez mais longe, mais ou menos um quilômetro longe. E agora a irmã é a menininha da senhorita A. Ela vai fazer visitas em sua casa.

Dibs posicionou a irmã e a senhorita A juntas ao lado da casa.

– É de manhã bem cedinho e o Dibs grande vai pra escola. Ele tem amigos na escola. Mas este menino pequeno é o pequeno Dibs. – Ele segurou a figura na mão e a estudou cuidadosamente. – Este menininho está muito doente. Ele vai pro hospital e está derretendo. Ele está se encolhendo e ficando cada vez menor e menor até que some. – Ele foi até a caixa de areia e enterrou a figura. – O menininho desapareceu, agora. Mas o Dibs é grande, forte e corajoso. Ele não tem mais medo. – Ele olhou para mim.

– Grande, forte e corajoso e não tem mais medo – eu disse.

Dibs suspirou.

– Nós vamos dar tchau hoje – ele disse. – E eu não vou voltar por um tempão. Eu vou embora, e você também. Vamos tirar férias. E eu não tenho mais medo.

Dibs tinha chegado a um acordo consigo mesmo. Em sua brincadeira simbólica, ele havia expulsado sua dor e sentimentos magoados, emergindo com sentimentos de força e segurança. Ele partiu em busca de um eu que pudesse reivindicar com orgulho como sua identidade. Agora, estava começando a construir um conceito de si que estivesse mais em harmonia com suas capacidades internas. Ele estava conquistando integração pessoal.

Os sentimentos de hostilidade e vingança que expressou em relação ao pai, à mãe e à irmã ainda se inflamavam brevemente, mas já não queimavam de ódio ou medo. Ele havia substituído o Dibs pequeno, imaturo e

DIBS EM BUSCA DE SI MESMO

assustado, por um autoconceito fortalecido por sentimentos de adequação, segurança e coragem. Ele havia aprendido a compreender os próprios sentimentos, a lidar com eles e a controlá-los. Dibs não estava mais submerso em seus sentimentos de medo, raiva, ódio e culpa. Ele se tornara uma pessoa por direito próprio. Ele havia encontrado uma sensação de dignidade e autorrespeito. Com essa confiança e segurança, ele poderia aprender a aceitar e respeitar outras pessoas em seu mundo. Ele já não tinha medo de ser ele mesmo.

CAPÍTULO VINTE E TRÊS

Eu só voltei das férias em primeiro de outubro, e havia recados à minha espera. Um era da mãe de Dibs. Telefonei de volta, ansiosa para saber que experiências o verão tinha trazido para aquela família.

– O Dibs quer fazer mais uma consulta – ela disse. – Em primeiro de setembro, ele me disse que queria mais um encontro com você, mas eu expliquei que você só voltaria em outubro. Ele não voltou a falar no assunto até o dia primeiro deste mês. Então disse: "Mãe, agora é primeiro de outubro. Você falou que a senhorita A estaria de volta. Ligue pra ela e diga que eu quero mais uma visita e depois mais nenhuma". Então estou ligando.

Ela riu suavemente.

– Dibs foi maravilhoso – ela disse. – Tivemos um verão incrível. Nunca vou poder lhe dizer como estamos felizes e gratos. Ele não é a mesma criança. Está feliz, relaxado e se relaciona com todos nós muito bem. Ele fala o tempo todo. Realmente não precisa voltar, e, se você estiver muito ocupada, é só dizer, que eu explicarei para Dibs.

Nem é preciso dizer que eu não estava ocupada demais para ver o Dibs novamente. Marquei a consulta para a quinta-feira seguinte.

Dibs chegou com um andar feliz, um sorriso largo, olhos brilhantes. Ele parou e conversou com as secretárias do escritório externo, que estavam

DIBS EM BUSCA DE SI MESMO

datilografando e transcrevendo gravações. Ele lhes perguntou o que estavam fazendo e se gostavam do trabalho.

– Vocês estão felizes? – ele perguntou a elas. – Vocês deveriam estar felizes!

Havia uma mudança notável nele desde a última consulta. Ele estava relaxado, extrovertido, feliz. Seus movimentos demonstravam graça e espontaneidade. Quando fui à sala de espera para recebê-lo, ele correu em minha direção e esticou a mão para um cumprimento.

– Eu quis ver você mais uma vez – ele disse. – Então aqui estou eu. Vamos primeiro para o seu escritório.

Nós fomos. Ele ficou parado no meio da sala e olhou ao redor com um grande sorriso em seu rosto. Ele correu de um lado a outro, tocando a escrivaninha, os armários de arquivo, as cadeiras, as prateleiras de livros. Suspirando de contentamento.

– Ah, que lugar maravilhoso e feliz – ele disse.

– Você gostou de estar aqui, não foi? – comentei.

– Ah, sim – Dibs respondeu. – Muito, muito. Aqui tem tantas coisas maravilhosas.

– Quais coisas maravilhosas? – perguntei.

– Livros! – Dibs disse. – Livros e livros e livros. – Ele deslizou suavemente os dedos pelas lombadas. – Eu amo livros – ele disse. – Não é engraçado que manchinhas pretas no papel possam ser tão boas? Pedaços de papel e pequenas marquinhas pretas e você tem uma história.

– Sim – respondi. – É bem impressionante.

– Isso mesmo – Dibs disse.

Ele olhou pela janela.

– Está um belo dia. E essa é uma janela tão boa pra se olhar pra fora.

Ele se sentou à escrivaninha, apanhou o fichário, examinou os cartões e deu um largo sorriso.

– Ora, você deixou o arquivo só para você e o Dibs! – ele exclamou. – Não tem mais ninguém nesta caixa a não ser você e eu. Só nós dois.

– Não foi isso que você falou que queria? – perguntei.

– Foi. Bem assim. Você jogou fora os cartões de todo mundo?

– Não. Eu guardei em outra caixa, naquele fichário ali.

– Mas este aqui você guardou só pra nós?

– Como você disse que queria – respondi.

Dibs recostou na cadeira da escrivaninha e me observou por um longo tempo, com uma expressão séria em seu rosto.

– Esse é o jeito que sempre foi – ele disse lentamente. – Como você disse que queria – ele repetiu. Depois, sorriu. – Como eu disse que queria – ele exclamou.

Ele apanhou um cartão em branco. Pegou um lápis e escreveu algo nele; debruçou-se por cima do cartão e deliberadamente escreveu algo nele. Depois, entregou-o a mim.

– Leia – ele disse. – Leia pra mim.

– "Tchau, querida sala com tantos livros legais. Tchau, querida escrivaninha. Tchau, janela que mostra o céu. Tchau, cartões. Tchau, moça da maravilhosa brinquedoteca" – eu li a mensagem dele para ele.

Ele esticou a mão na direção do cartão.

– Eu quero acrescentar uma coisa – ele disse. Escreveu algo no verso e me devolveu o cartão. Ele escrevera três linhas. – Como você disse que queria. Como eu disse que queria. Como nós dissemos que queríamos.

Depois que eu li, ele pegou o cartão e o arquivou com os nossos outros dois.

– Vamos voltar à brinquedoteca – ele disse. – Vamos! Vamos! Ah, vamos!

Ele entrou na sala correndo, abriu os braços, rodopiou, deu risada.

– Ah, que legal! Que legal! Que legal! – ele gritou. – Que brinquedoteca maravilhosa!

Ele correu até a pia, abriu a torneira no máximo e recuou, rindo com alegria.

– Água. Água. Água. Vem e ensopa tudo. Molha tudo. Se diverte!

Depois fechou a torneira, sorriu para mim e andou até o cavalete.

– Oi, tintas – ele disse. – Vocês estão todas misturadas? Hum. Vejo que estão. – Ele pegou o pote de tinta amarela e se virou para mim. – Sabe de uma coisa? – perguntou.

DIBS EM BUSCA DE SI MESMO

– O quê?

– Eu queria derramar isto de propósito no chão.

– Queria? Simplesmente derramar de propósito no chão?

– É – Dibs disse. – E tem mais, é o que eu vou fazer.

– Você não só sente vontade de fazer, mas vai mesmo fazer?

Dibs desrosqueou a tampa. Inclinou o pote, e a tinta lentamente escorreu no chão.

– Faz uma bela poça de tinta – ele disse.

– Gostou, não é?

– Eu gosto de derramar a tinta – ele disse. – Eu estou me livrando dela.

Quando o pote ficou vazio, ele o pôs na pia.

– Agora, existe alguma razão pra tinta ser usada só pra pintar? Em uma brinquedoteca? – ele me perguntou. – Eu nunca gostei da tinta amarela, e faz eu me sentir bem ter despejado tudo fora e ter me livrado dela. Agora, eu vou pegar uns panos e limpar. – Ele pegou uns panos de limpeza e enxugou a poça de tinta amarela o melhor que pôde.

Depois, ele veio até mim.

– Eu não consigo entender isso tudo – ele disse.

– O que você não consegue entender? – perguntei.

– Tudo isso. E você. Você não é mãe. Você não é professora. Você não é membro do clube de bridge das mães. O que você é?

– Você não consegue entender muito bem o tipo de pessoa que eu sou, não é?

– Não, não consigo – Dibs disse. Deu de ombros. – Mas na verdade não tem importância – ele disse, lentamente olhando direto nos meus olhos. – Você é a moça da brinquedoteca maravilhosa. – Ele de repente se ajoelhou e deslizou os dedos pela minha perna e observou atentamente a trama da minha meia-calça. – Você é a moça com centenas de furinhos nas meias – ele disse, com uma risada alta.

Ele deu um pulo, correu até a mesa e pegou a mamadeira.

– Mamadeira. Querida e reconfortante mamadeira. Quando eu precisei de você, você me confortou. – Ele sugou o bico por vários minutos. – Eu fui bebê de novo e amei a mamadeira. Mas, agora, o Dibs de seis anos não precisa mais de você. Tchau, mamadeira, tchau.

Ele olhou ao redor da sala; encontrou o que buscava no aquecedor de ferro.

– Tchau, mamadeira, tchau. Eu não preciso mais de você. – Ele atirou a mamadeira contra o aquecedor, e ela se quebrou em muitos pedaços. A água que estava na mamadeira escorreu pelo chão. Dibs foi até lá e baixou os olhos para os cacos. – Eu acabei com ela – ele disse.

– Você não precisa mais da mamadeira e agora você se livrou dela? – comentei.

– Sim. Isso mesmo!

Dibs foi até a caixa de areia e cavou vigorosamente.

– Enterre coisas. Enterre coisas. Enterre coisas. Depois desenterre, se você quiser. – Ele riu. – Vou te dizer, esta areia é coisa boa. Ela faz muitas coisas. E vidro é feito de areia, eu li num livro sobre isso.

Ele andou até a casa de bonecas. Reuniu a família de bonecas e as posicionou na sala de estar.

– Velhas pessoinhas de brinquedo. Agora eu vou dar tchau pra vocês. E vou sentar vocês aqui na sala de estar, e vocês vão esperar até outra criancinha vir aqui brincar com vocês. – Ele se virou e me fitou. – Depois que eu for, alguma outra criança vai vir aqui e ficar no meu lugar, não vai?

– Outra criança vai vir para a brinquedoteca – falei.

– Você vê outras crianças aqui além de mim, não vê? – ele perguntou.

– Sim, eu vejo outras crianças.

– Isso vai fazer as crianças felizes – ele disse.

Dibs foi até a janela e a abriu. Ele se inclinou para fora e respirou fundo.

– Pra fora desta janela eu vi o mundo – ele disse. – Eu vi os caminhões, as árvores, os aviões, as pessoas e a igreja que badala o sino uma, duas, três, quatro vezes, quando é hora de ir pra casa.

Ele andou até mim e falou quase cochichando.

– Mesmo se eu não quisesse ir pra casa, era a minha casa.

Ele tomou minhas mãos nas dele. Encarou-me por um longo intervalo.

– Eu quero ir ver aquela igreja. Nós podemos ir lá e andar em volta da igreja e entrar nela para olhar?

– Acho que sim – respondi.

Fazer aquilo era um procedimento mais do que incomum, mas também era um pedido mais do que incomum. Pareceu-me importante, naquela última visita, atender ao pedido dele. Saímos do Child Guidance Center e caminhamos ao redor da igreja. Dibs levantou os olhos, impressionado pelo seu tamanho imenso.

– Agora vamos entrar. Vamos ver dentro – ele disse.

Subimos os degraus da frente, e abri as portas enormes. Nós entramos, e Dibs ficou encolhido pelos arcos imponentes. Caminhou lentamente pela nave central, deu uns passos correndo, estacou, olhou para cima e ao redor com uma expressão de completo assombro e maravilhamento no rosto. Ele estava impressionado pela magnificência da capela.

– Eu me sinto tão, tão pequenininho – ele disse. – Acho que eu encolhi.
– Ele girou bem devagar e observou a beleza do entorno. – A vovó diz que a igreja é a casa de Deus. Bom, eu nunca vi Deus, mas ele deve ser absurdamente grande pra precisar de uma casa tão, tão grande. E o Jake disse que a igreja é um lugar sagrado.

De repente, ele correu pela nave em direção ao altar. Lançou a cabeça para trás e esticou os dois braços bem para o alto, na direção das grandes janelas de vitral colorido acima do altar principal. Ele se virou e me encarou, momentaneamente sem fala.

Bem naquele instante, o organista começou a tocar o órgão de tubo. Dibs correu para mim e agarrou minha mão.

– Vamos embora! Vamos embora! Eu estou com medo – ele gritou.

– A música assustou você? – perguntei, enquanto rumávamos para a porta.

Dibs parou e olhou para trás.

– Escute. Não vamos ainda, não. – Dibs disse.

Então, paramos.

– Estou com medo do tamanho e estou com medo do barulho – Dibs disse. – Mas é tão bonito e me enche de claridade e de beleza.

– Com medo, mas também gostando? – eu disse. – É uma igreja bonita.

Dibs soltou minha mão e andou de novo pela nave central.

– O que é que faz esse barulho esquisito?

– É um homem tocando um órgão de tubo, e esse barulho é a música do órgão de tubo.

– Ah! – Dibs disse. – Eu nunca tinha ouvido música assim antes. Me dá arrepios. – Ele segurou minha mão com força. – Eu nunca vi nada tão lindo – ele sussurrou.

O sol brilhava através dos vitrais, e os fachos de luz se inclinavam em nossa direção.

– Vamos embora – ele disse brandamente. Andamos de volta para a porta. Dibs olhou para trás por cima do ombro. À porta, ele parou de novo.

– Espere um pouquinho – ele cochichou. Acenou timidamente na direção do altar e disse, em voz delicada: – Tchau, Deus. Tchau!

Deixamos a igreja e voltamos à brinquedoteca. Dibs não disse uma palavra durante o caminho de volta. Quando entramos na brinquedoteca, ele se sentou na cadeira ao lado da mesa e sorriu para mim.

– Isso foi mesmo muito bom – ele disse. – Hoje eu estive na casa de Deus. Pela primeira e única vez, eu estive na casa de Deus.

Ele ficou ali sentado em silêncio por um longo tempo, observando as mãos entrelaçadas.

– Diga-me – ele disse de repente –, por que algumas pessoas acreditam em Deus e algumas não?

– Não acho que saiba como responder a essa pergunta, Dibs.

– Mas é verdade que algumas pessoas acreditam e outras não?

– Sim. Acho que sim.

– A vovó acredita. Mas o papai e a mamãe não são crentes. E o Jake acreditava. Ele me contou.

– Acho que cada um toma a própria decisão – falei. – Cada pessoa resolve por si mesma.

– Eu queria saber como Deus é. A vovó me falou uma vez que Deus é nosso Pai no céu. Pai é outro jeito de dizer papai. Eu não ia querer que Deus fosse como o papai. Porque às vezes eu não acho que o papai me ama. E,

DIBS EM BUSCA DE SI MESMO

se eu acreditasse em Deus como a vovó acredita, eu ia querer que Deus me amasse. Mas a vovó diz que o papai me ama, sim. Mas, se ele me ama, por que eu não sei disso? A vovó me ama, e eu amo a vovó e eu sei, porque sinto isso bem lá no fundo de mim. – Ele entrelaçou as mãos sobre o coração e me olhou com uma expressão perturbada que lhe enrugava a testa. – É difícil entender essas coisas – ele concluiu, após um longo silêncio.

Ele andou até a janela e olhou para a igreja.

– Aquela é a casa de Deus – ele falou baixinho. – A vovó diz que Deus é amor. E o Jake falou que ele acreditava em Deus. Ele falou que rezava, o que significa que ele conversava com Deus. Mas eu nunca rezei. Mas eu gostaria de conversar com Deus. Eu gostaria de escutar o que Ele tem a dizer. Tem um menino na minha classe que acredita em Deus. Ele é católico e acredita em Deus. Tem outro menino que é judeu e ele vai à sinagoga, que é a casa que os judeus construíram para Deus.

Ele se virou e olhou para mim. Esticou os braços na minha direção, as mãos abertas.

– Mas o papai e a mamãe não são pessoas que acreditam em Deus, então eu também não. Isso me faz sentir sozinho, não conhecer Deus. – Ele andou de um lado a outro da brinquedoteca.

– A vovó é uma boa mulher. Ela vai à igreja e canta músicas sobre Deus. Ela acredita. – Ele veio até mim e tomou minhas mãos nas dele, analisando meu rosto ansiosamente. – Diga-me, por que algumas pessoas acreditam em Deus e outras não acreditam?

Aquela era uma pergunta difícil de se responder.

– Cada um toma a própria decisão quando fica mais velho – respondi. – Cada pessoa resolve por si no que acredita. Mas, agora, é muito confuso para você, não é?

– É – ele disse. – É muito confuso. – Houve um longo silêncio entre nós. – Você sabe o que eu estou tentando fazer agora? – ele me perguntou.

– Não. O quê?

– Estou tentando aprender a jogar beisebol. O papai está tentando me ensinar. Nós vamos ao parque juntos. Mas o papai também não é um jogador. As bolas são coisas duras pra se bater com um bastão. E são coisas difíceis de jogar onde você quer que elas vão. Mas eu vou aprender como fazer isso, porque todos os meninos da escola jogam beisebol, e eu quero jogar com eles. Então preciso aprender. Então, eu me esforço e vou aprender. Mas eu não gosto muito. Gosto mais de brincar de polícia e ladrão e de correr no jardim da velha senhora Henry. Agora, ela também grita comigo.

A campainha soou. A mãe de Dibs viera buscá-lo.

– Tchau, Dibs – eu disse. – Foi muito, muito bom conhecer você.

– Sim. Foi mesmo – Dibs respondeu. – Tchau.

Fomos à recepção. Ele deu uma corridinha e pegou a mão da mãe.

– Oi, mamãe – ele disse. – Eu não vou mais voltar. Esse hoje foi pra tchau.

Eles partiram juntos – um menininho que teve a oportunidade de se autoafirmar por meio de suas brincadeiras e que emergiu como uma criança feliz e capaz, e uma mãe que ampliou sua compreensão e sua apreciação pelo talentoso filho.

CAPÍTULO VINTE E QUATRO

Certo dia, dois anos e meio depois, eu estava sentada na sala de estar do meu apartamento, lendo. Meu apartamento ficava no térreo de um prédio, localizado em uma esquina. As janelas estavam abertas, e uma voz infantil conhecida, muito forte e animada, entrou pela janela.

– Estou lhe falando, Peter May, desça aqui e olhe o meu jardim. Tem vinte e sete tipos diferentes de arbustos e plantas no meu jardim. Venha aqui ver!

– Vinte e sete, é?

– Diferentes arbustos e plantas no meu jardim.

– Sei.

– Venha ver.

– Olhe o que eu tenho aqui.

– O quê? Ah, bolinhas de gude!

– É. Quer trocar?

– Quero. O que você quer em troca?

– O que você tem? O que você tem, Dibs?

Sim. Eram Dibs e um amigo.

– Vou lhe dizer! Vou lhe dizer! – Dibs gritou, agitado. – Você me dá essa bolinha azul aí, com o olho de gato, e eu lhe dou uma das primeiras minhocas desta primavera.

– Dá? Onde estão?

– Estão bem aqui!

Dibs enfiou a mão no bolso e de lá tirou um pequeno pote de vidro, desrosqueou a tampa perfurada e cuidadosamente extraiu uma minhoca, depositando-a na mão encardida de Peter. Dibs estava sorrindo, e Peter estava impressionado.

– Lembre-se – disse Dibs cuidadosamente. – Essa é, de verdade, a primeira minhoca desta primavera.

Dibs aparentemente havia se mudado para o grande edifício ajardinado mais abaixo na minha rua. Alguns dias mais tarde, eu o encontrei na rua. Nós nos encaramos. Dibs abriu um largo sorriso, esticou o braço e pegou minha mão.

– Oiê – ele disse.

– Oi, Dibs.

– Eu sei quem você é.

– Sabe?

– Ah, sei sim! Você é a moça da brinquedoteca maravilhosa – ele disse. – Você é a senhorita A.

Nós nos sentamos nos degraus de entrada de um prédio do caminho, para conversar.

– Sim – respondi. – E você é o Dibs.

– Agora eu sou grande – ele disse. – Mas eu me lembro de quando eu era bem pequenininho e fui ver você pela primeira vez. Me lembro dos brinquedos, da casa de boneca e da areia e dos homens e mulheres e crianças no mundo que eu construí. Eu me lembro dos sinos da hora de ir embora e do caminhão. Eu me lembro da água e da tinta e da louça. Eu me lembro do nosso escritório e dos nossos livros e da máquina de gravação. Eu me lembro de todas as pessoas. E me lembro de como você brincava comigo.

– Do que nós brincávamos, Dibs?

Ele se inclinou na minha direção, seus olhos brilhavam.

– Tudo que eu fazia, você fazia – ele cochichou. – Tudo que eu falava, você repetia.

– Então era assim que era! – eu disse.

DIBS EM BUSCA DE SI MESMO

– Era. "Esta sala é sua, Dibs", você falou pra mim. "Isto é tudo pra você. Divirta-se, Dibs. Divirta-se. Ninguém vai machucar você. Divirta-se." Dibs suspirou.

– E eu me diverti mesmo. Foi o período mais maravilhoso da minha vida. Eu construí meu mundo com você na brinquedoteca. Lembra?

– Sim, Dibs, eu me lembro.

– E a última vez que eu a vi na brinquedoteca foi dois anos, seis meses e quatro dias na próxima quinta-feira. Eu me lembro muito bem. Arranquei a folha do último dia do meu calendário e fiz um grande círculo vermelho em volta, com lápis de cor vermelho. Emoldurei e pendurei na parede do meu quarto. Outro dia, eu por acaso olhei e conferi quanto tempo passou. Dois anos, seis meses e quatro dias, na próxima quinta.

– Então aquele dia pareceu muito importante para você – eu comentei.

– E você circulou e emoldurou. Por que você fez isso, Dibs?

– Eu não sei. Nunca teria me esquecido disso. Eu pensei nesse dia muitas vezes. – Houve uma longa pausa. Dibs me encarava fixamente. Deu um suspiro profundo. – No começo, a brinquedoteca parecia tão, tão grande. E os brinquedos não eram amigáveis. Eu tinha tanto medo.

– Você teve medo lá, Dibs?

– Sim.

– Por que tinha medo?

– Não sei. Eu estava assustado, primeiro, porque não sabia o que você ia fazer e não sabia o que eu ia fazer. Mas você falou "Isto é tudo seu, Dibs. Divirta-se. Ninguém vai machucar você aqui".

– Eu disse isso?

– Disse – ele respondeu, decidido. – Foi isso que você me falou. E aos poucos eu acabei acreditando em você. E foi assim. Você me falou pra ir lutar com os meus inimigos até eles gritarem e pedirem desculpa por terem me machucado.

– E você fez isso?

– Fiz. Eu descobri meus inimigos e lutei com eles. Mas daí eu descobri que não estava mais com medo. Eu descobri que não me sinto triste quando sinto amor. Agora eu sou grande e forte e não tenho medo. E eu me lembro da igreja, da volta que demos no último dia. Eu me lembro de descobrir como Deus era grande. A porta era tão, tão alta. E o teto estava longe lá em cima, quase encostando no céu. E quando a música começou a tocar de repente eu tremi. Eu queria sair e queria ficar. E, outro dia, eu passei por lá. Subi os degraus até a porta, mas ela estava trancada. Eu bati na porta e chamei pelo buraco de fechadura: "Tem alguém em casa hoje?". Mas acho que não, porque ninguém veio, então eu fui embora.

Eu conseguia visualizar muito bem Dibs subindo os degraus da igreja e batendo timidamente naquela porta maciça entalhada.

De repente, ele se levantou com um pulo.

– Venha ver meu jardim – ele falou alto. – É um jardim muito, muito grande e tem montes e montes de plantas e arbustos nele. Adivinha quantos?

– Ah... Vinte e sete tipos diferentes?

– É – Dibs gritou. – Mas como você sabia? Eu precisei contar durante mais de duas semanas pra saber. Você já esteve no meu jardim?

– Não. Eu não estive no seu jardim – respondi.

– Mas então como você sabia? *Como* você sabia? Me conte como você sabia!

– Você acha que eu não poderia saber, a menos que tivesse entrado e contado?

– Mas – disse Dibs, exasperado. – É mais do que apenas contar. Você tem que olhar com cuidado pra cada planta e cada arbusto e ver de que jeito eles são diferentes. Daí você tem que descobrir de que tipo é. Daí é que você conta. Escreve o nome e a localização de cada planta. Não é uma coisa rápida nem simples de fazer. Não é uma coisa que você pode simplesmente adivinhar. E, se você nunca esteve no meu jardim nem fez nada disso, então como é que você sabe que tem vinte e sete tipos diferentes lá?

– Bem, Dibs, vou lhe dizer. Outro dia, eu estava sentada no meu apartamento, lendo perto da janela aberta, e escutei você contar ao Peter: "Tem vinte e sete tipos diferentes de arbustos e plantas no meu jardim". Foi no dia em que você deu a ele a primeira minhoca da primavera.

– Ah! – Dibs exclamou. – Porque você mora perto. Ah, senhorita A, então agora nós somos vizinhos!

Dibs em busca de si mesmo

– Sim. Nós somos vizinhos.

– Isso é bom – Dibs disse. – Bom, então, agora você vem ver o meu jardim.

Nós fomos ao jardim de Dibs e ele apontou as vinte e sete variedades. Alguns dias mais tarde, encontrei a mãe e o pai dele na rua. Nós trocamos cumprimentos, e tanto a mãe quanto o pai me agradeceram de novo pela ajuda que eu tinha dado a eles. Disseram que o Dibs continuava fazendo progressos espantosos, que era uma criança bem ajustada e feliz, que estava se dando satisfatoriamente bem com as outras crianças. Ele estava agora matriculado em uma escola para crianças superdotadas e estava se saindo muito bem.

Bem nesse momento, Dibs surgiu de bicicleta na esquina, gritando como um índio.

– Dibs – a mãe o chamou. – Dibs, venha ver quem está aqui. Você se lembra dessa moça?

Dibs correu e sorriu.

– Oi! – ele gritou.

– Oi, Dibs.

– A sua mãe lhe fez uma pergunta, Dibs – disse o pai.

– Sim, papai, eu ouvi – disse Dibs. – Ela perguntou se eu conhecia a moça. É claro que eu conheço. Ela é a minha primeiríssima amiga.

O papai pareceu um pouco constrangido.

– Bem, se você ouviu sua mãe, por que não respondeu?

– Desculpe, papai – disse Dibs, com um brilho nos olhos.

– Foi uma satisfação revê-la – disse-me o pai. – Com licença, mas agora preciso ir. – Ele deu a partida no carro.

Dibs lhe disse:

– Você e a mamãe estão meio atrasadinhos. Eu já encontrei a senhorita A por aqui, cinco dias atrás!

O pai ficou vermelho, entrou no carro e partiu.

A mãe também pareceu um pouco aborrecida.

– Não é nada disso, Dibs – ela disse. – E por que você não a chama pelo nome? Por que sempre "Senhorita A"?

Dibs montou de novo na bicicleta.

– Senhorita A. Senhorita A. Um nome especial para uma amiga especial – ele gritou. Desceu a rua "rasgando", fazendo o barulho de uma sirene de bombeiros.

Sim, Dibs tinha mudado. Ele aprendeu a ser ele mesmo, a acreditar em si, a se libertar. Agora, ele estava relaxado e feliz. Ele era capaz de ser criança.

EPÍLOGO

Dibs teve seus momentos sombrios e viveu por um período no lado escuro da vida, mas teve a oportunidade de sair deles e descobrir por si mesmo que conseguia lidar com a sombra e o sol em sua vida.

Talvez haja mais compreensão e beleza na vida quando a luz ofuscante do sol é suavizada pelas manchas das sombras. Talvez haja mais profundidade em um relacionamento que sobreviveu a algumas tempestades. A experiência que nunca decepciona, que não entristece ou mexe com os sentimentos é uma experiência morna, com pouco desafio e pouca variação cromática. Talvez, quando experimentamos a confiança, a fé e a esperança que vemos se materializarem diante dos nossos olhos, isso construa em nós um sentimento de força, coragem e segurança internas.

Todos somos personalidades que crescem e se desenvolvem como resultado de todas as nossas experiências, relacionamentos, pensamentos e emoções. Nós somos a soma total de todas as partes que compõem uma vida.

Por pensar que a história de Dibs vale a pena compartilhar, apresentei algumas partes deste material em palestras que fiz em universidades e encontros profissionais.

Um dia, eu recebi uma carta de um antigo aluno:

Não pude evitar reservar um tempo para lhe escrever isto. Fui apenas um entre centenas em sua aula – a senhora provavelmente nem reparou no meu rosto, porém, acredite, fui um ouvido atento. Estou no exterior, agora, de novo usando uniforme, esperando ser promovido em breve. Na barraca, outra noite, entreouvi um pedaço de conversa, e toda a América e toda a minha casa voltaram. Eu me lembro de que a senhora com frequência dizia que as coisas importantes são do que nos lembramos, depois de termos esquecido de todo o resto. E que as experiências com certeza podem nos forçar a mudar o foco. Lá estávamos nós, naquela noite – desanimados, deprimidos e nos perguntando que diabos era tudo aquilo, quando de repente Dibs estava presente. Um camarada do lado oposto da mesa estava falando sobre o Dibs. A senhora consegue imaginar o que isso provocou em mim? Não perdi tempo e o abordei. "Com o diabo, como você ouviu falar sobre o Dibs?", eu perguntei. Ele me contou. Não era a mesma classe, não era o mesmo ano, não era a mesma universidade. Mas era o mesmo rapaz, sem dúvida. Não preciso lhe contar como isso me fez bem, e não só a mim, mas a todos nós, porque juntos nós contamos aos outros o resto da história. O Dibs se tornou para nós um símbolo de todos os valores, dos valores humanos que tanto nos esforçamos para preservar. E, como disse o outro camarada, "Com o Dibs aqui, não tem como a gente perder".

Mas o que mais me impressionou foi como o Dibs era real, que força dinâmica verdadeira ele era, como ele tinha se tornado uma parte de mim. Daí eu me questionei sobre Educação. Eu me formei em Administração e não sou versado no jargão da Psicologia e tenho certeza de ter perdido todas as implicações psicológicas do caso, mas, juro por Deus, o Dibs é a única pessoa real, que eu jamais encontrei em uma sala de aula, capaz de me ensinar o que significa ser uma pessoa completa – e ir até além disso. Eu nunca vou me esquecer daquelas três frases: Como eu disse que queria. Como você disse que queria. Como nós dissemos que queríamos. Acho que o Dibs só queria o que todos nós queremos em uma escala mundial. Uma chance de sentir

DIBS EM BUSCA DE SI MESMO

*que temos valor. Uma chance de ser uma pessoa desejada, respeitada
e aceita como um ser humano merecedor de dignidade.*

A família de Dibs havia se mudado para o subúrbio, e eu perdi contato com ele. Anos se passaram. Então, um dia, um amigo meu que estava lecionando em uma escola para rapazes superdotados me mostrou uma carta publicada no jornalzinho da instituição. Era dirigida ao diretor e ao corpo docente da escola. O meu amigo não sabia nada sobre o Dibs, mas sabia que eu me interessava por todo e qualquer comentário feito por crianças que fornecesse evidências da compreensão e coragem que elas são capazes de trazer para suas próprias vidas cotidianas, se lhes dão a oportunidade de assim se autoafirmarem. Eu li a carta aberta publicada no jornal da escola.

Esta é uma carta aberta de protesto contra a recente dispensa de um dos meus colegas e um dos meus amigos. Estou realmente indignado com sua insensibilidade e falta de compreensão e sentimento. Comentou-se à boca miúda que o meu amigo foi "suspenso com desonra" por ter sido flagrado colando na prova. Meu amigo diz que não estava colando, e eu acredito nele. Ele disse que estava conferindo uma data – uma data importante na história – e, dado que a precisão da data é essencial para estabelecer a própria existência da história, então ela deveria ser verificada. Eu acho que vocês falham na compreensão das razões pelas quais nós às vezes fazemos o que fazemos. Vocês consideram um erro que uma pessoa tente verificar a exatidão? Vocês prefeririam que ele encobrisse sua dúvida legítima na ignorância? Afinal, qual é o objetivo dessas provas? Elas visam a aumentar a nossa capacidade educacional ou são instrumentos usados para trazer sofrimento e humilhação e feridas profundas a uma pessoa que tanto está se esforçando para triunfar?
Um membro do corpo docente disse ontem ao meu amigo, na frente de um grupo de nós, que, se o ritmo da escola fosse acelerado demais para ele, e ele precisasse colar para acompanhar, seria melhor que

fosse para outra escola. Eu me sinto pessoalmente ofendido por esse comentário. Tenho vergonha da minha escola, se ela durante todo o tempo não mantém a porta aberta para qualquer pessoa que queira entrar e estar com o restante de nós. Há coisas muito mais importantes neste mundo do que uma demonstração de autoridade e poder, mais importantes do que vingança, castigo e sofrimento. Como educadores, vocês precisam destrancar a porta da ignorância, do preconceito e da maldade. A menos que o meu amigo receba de vocês um pedido de desculpas pela dor que sofreu em seu orgulho e autorrespeito, e seja readmitido, então eu não voltarei a esta escola no próximo outono.

Com sinceridade e intenção de agir, sou,

Sinceramente seu,

Dibs.

– Quantos anos ele tem agora? – perguntei.

– Quinze.

– Ele escreveu uma carta interessante – comentei. – Como ele é?

– É um menino brilhante. Cheio de ideias. Preocupado com tudo e todos. Muito sensível. Um verdadeiro líder. Achei que você gostaria dessa explosão ultrajada. Ele atua sobre as coisas em que acredita. A escola não iria querer perdê-lo. Eles provavelmente vão acatar a sugestão dele. – Meu amigo riu. – Você vai guardá-la para a sua coleção de bravas novas palavras por justiça e igualdade para todos?

– Obrigada – eu disse. – "Com sinceridade e intenção de agir." Eu acredito nisso.

NOTA DA AUTORA

Uma semana depois que as sessões de terapia terminaram, uma psicóloga clínica ministrou um teste de inteligência Stanford-Binet a Dibs, que estava muito interessado e colaborativo. Ele estabeleceu uma boa relação com a avaliadora, a quem nunca tinha visto antes. O resultado de seu teste de QI foi 168.

Um teste de leitura também foi aplicado na ocasião. A pontuação de Dibs em leitura foi anos além de sua idade e seu nível escolar. Ele ainda estava respondendo corretamente a todas as perguntas quando interrompeu o teste, explicando à avaliadora que não dava particular importância àquele tipo de leitura que "pulava de uma coisa para outra sem nenhuma razão". Ele disse a ela que, quando lia, "preferia uma coisa que tivesse continuidade e fosse de interesse real".

As pontuações do teste indicaram que Dibs era uma criança excepcionalmente dotada, que estava usando efetivamente suas capacidades intelectuais.

Os pais de Dibs haviam dado autorização escrita para a gravação de todas as sessões de terapia e para o uso do material gravado, depois de adequadamente disfarçado, para pesquisa, ensino e publicação, se a terapeuta sentisse que tal relato poderia contribuir para uma compreensão melhor das crianças. Nenhuma sessão de terapia é jamais gravada por mim sem a permissão por escrito dos pais.

Este livro foi escrito com base nessas sessões gravadas. As gravações foram editadas para mascarar todas as informações identificadoras, remover inícios que não tiveram prosseguimento e alguns comentários repetitivos, de modo a proporcionar um relato mais fluido. Os diálogos entre Dibs e a terapeuta são essencialmente reproduções literais das sessões conduzidas no Child Guidance Center. As conversas com a mãe também foram extraídas da gravação das sessões dela, mas não estão integralmente reproduzidas, porque parte do material era muito pessoal e identificadora, e não se relacionava especificamente a Dibs.

No entanto, nenhuma palavra foi usada aqui que não tenha sido originalmente dita por Dibs e pela mãe dele. Uma criança, tendo oportunidade, tem o dom da comunicação honesta e direta. Uma mãe que é respeitada e aceita com dignidade também pode expressar-se sinceramente, quando sabe que não será criticada nem culpada.